Isabel Diener

Lehren und Lernen in offenen Arbeitsformen

Eine Diskussion über die Verwendung
von offenen Arbeitsformen im Unterricht
am Beispiel einer Pädagogik der Menschenrechte

DIALOGISCHES LERNEN

Herausgegeben von Dr. Cornelia Muth

ISSN 1614-4643

3 *Sabine Peter*
Schritte auf dem Weg zum Miteinander in der multikulturellen Gesellschaft
Interkulturelle Gärten
Eine psychologisch-dialogphilosophische Perspektive
ISBN 3-89821-464-8

4 *Andrea Förster*
Tiere als Therapie – Mythos oder Wahrheit
Zur Phänomenologie einer heilenden Beziehung mit dem Schwerpunkt Mensch und Pferd
ISBN 3-89821-421-4

5 *Koffi Abah Edem, Jan Großwinkelmann, Yvonne Kahlert, Susanna Matt-Windel, Cornelia Muth, Sabine Peter*
Im Vertrauen und in Verantwortung – 10 Jahre dialogische Pädagogik
ISBN 3-89821-577-6

6 *Stephan J. Harms*
Menschenbilder und Typologie
Kategorien neurotischer Motivationsstrukturen als Orientierungshilfe in der sozialen Arbeit Chancen und Risiken
ISBN 3-89821-703-5

7 *Susanne Mariyam Hüser-Granzow*
Kunst statt Strafe
Eine dialogische Betrachtung der ästhetischen Arbeit in der Sozialen Arbeit am Beispiel einer Bildhauerwerkstatt für straffällig gewordene Jugendliche
ISBN 978-3-89821-747-7

8 *Thomas Schwenk*
Sport und Bewegungserziehung in der Suchtarbeit
Sozialpädagogische und dialogisch-philosophische Aspekte in der Suchtprävention und Behandlung von Kindern und Jugendlichen
ISBN 978-3-89821-785-9

9 *Cornelia Muth*
Hilfe, ich bin mobil und heimatlos!
Zur Hauslosigkeit postmoderner Menschen
Mit einem Beitrag von Jan Großewinkelmann und Zeichnungen von Miriam Helfer
ISBN 978-3-89821-880-1

10 *Tanja Dräger*
Gender Mainstreaming im Kindergarten
ISBN 978-3-89821-869-6

11 *Dörthe Sontag*
Die modernen Kommunikationsmittel und das Dialogische Prinzip
Bedrohung und Chance für unser Menschsein?
Eine dialogphilosophische Reflexion unserer zwischenmenschlichen Beziehungen im Zeitalter der Mediatisierung
ISBN 978-3-89821-893-1

Isabel Diener

LEHREN UND LERNEN IN OFFENEN ARBEITSFORMEN

Eine Diskussion über die Verwendung von offenen Arbeitsformen im Unterricht am Beispiel einer Pädagogik der Menschenrechte

ibidem-Verlag
Stuttgart

Bibliografische Information der Deutschen Nationalbibliothek
Die Deutsche Nationalbibliothek verzeichnet diese Publikation in der Deutschen Nationalbibliografie; detaillierte bibliografische Daten sind im Internet über http://dnb.d-nb.de abrufbar.

Bibliographic information published by the Deutsche Nationalbibliothek
Die Deutsche Nationalbibliothek lists this publication in the Deutsche Nationalbibliografie; detailed bibliographic data are available in the Internet at http://dnb.d-nb.de.

∞

Gedruckt auf alterungsbeständigem, säurefreien Papier
Printed on acid-free paper

ISSN: 1614-4643

ISBN-10: 3-89821-976-3
ISBN-13: 978-3-89821-976-1

Printed in Germany

Vorwort der Herausgeberin

Dialogisches Lernen ist ein Lernen von und mit Würde. Letztere soll durch den Artikel 1 der Allgemeinen Erklärung der Menschenrechte gewährleistet werden, und Bildung soll die Achtung dieses Rechtes fördern.
Wie schwierig die pädagogische Umsetzung verläuft, beschreibt Frau Diener sehr anschaulich anhand einer Unterrichtseinheit von *amnesty international* zum Thema „Todesstrafe".

Es erstaunt immer wieder, wie selten Würde auf das praktische Gesprächsgeschehen unter Menschen bezogen wird; dabei kennen wir doch alle Situationen, in denen wir - insbesondere auch in der Schule - Beschämung erfahren haben. Isabel Diener zeigt deutlich, was pädagogisch möglich ist. Authentisch reflektiert sie ihre Erfahrungen als Erwachsenenbildnerin. Ihre engagierte Arbeit wird durch diese Veröffentlichung gewürdigt.

Prof. Dr. Cornelia Muth
Leipzig im August 2009

Inhaltsverzeichnis

Einleitung

Der Literaturbestand über eine aktive und abwechslungsreiche Unterrichtsgestaltung scheint unüberschaubar. Man wird mit einer Fülle von Ideen und Hinweisen konfrontiert, alle mit dem Ziel, Unterricht stetig zu verbessern. Dennoch bleiben viele Fragen unbeantwortet. So gibt die Fachliteratur zwar Hinweise darüber, wie man abwechslungsreiche Arbeitsformen in den Unterricht integrieren kann, oft wird jedoch nicht erwähnt, welche Schwierigkeiten damit verbunden sein können. Deshalb liegt der Fokus dieser Studie darin, die Chancen und Grenzen der Integration von offenen Arbeitsformen im Unterricht der Menschenrechte zu untersuchen.

1.1 Persönlicher Zugang zum Thema

Unterricht in der Schule und wie er interessant und anschaulich gestaltet werden kann, beschäftigt mich schon sehr lange. Ich hatte bereits in der ersten Klasse den Wunsch, Lehrerin zu werden. Dieser Wunsch hielt lange an. Dennoch geriet er am Ende meiner Schulzeit ins Wanken. Ich stieß bei meiner Suche nach geeigneten Studienfächern auf die Erwachsenenpädagogik; hier sah ich neue Möglichkeiten für mich.

Im Jahr 2006 wurde ich Gruppenmitglied bei der zweiten Leipziger *amnesty-international*-Gruppe. Diese Gruppe hatte neben dem Schwerpunkt Frauenrechte den Schwerpunkt der Menschenrechtsbildung, für den ich mich besonders interessierte. Ich erkannte hier eine gute Chance für mich: Ich konnte die Theorie aus dem Studium mit der erlebten Praxis in Schulklassen verbinden. Neben dem Unterrichten konnte ich zudem neue Konzepte für die Schulen erarbeiten und weitete den Schwerpunkt der Menschenrechtsbildung innerhalb der lokalen *amnesty-international*-Gruppe auf den Bereich der Erwachsenenbildung aus.

1.2 Entwicklung der Idee

Wie ich bereits ausgeführt habe, arbeite ich seit mehreren Jahren auf dem Gebiet der Menschenrechtsbildung. Ich spreche in Schulen zu verschiedenen Themen der Menschenrechtsproblematik und besuche dafür regelmäßig Grundschulen, Mittelschulen und Gymnasien. Die Themen reichen von der spielerischen Aufarbeitung der Kinderrechte bis zu komplexeren Themen wie Todesstrafe und Folter. Die Schulen in Leipzig werden durch *amnesty international* zwei Mal im Jahr auf die Angebote innerhalb der Menschenrechtsbildung aufmerksam gemacht. Die Lehrer melden sich nach Bedarf an und vereinbaren Schultermine.

Seitdem ich in Schulen unterrichte, fertige ich nach jeder Einheit ein Protokoll an. Darin halte ich meine Gedanken und Eindrücke von der Schulstunde fest. Auch dienen diese Protokolle dazu, meinen eigenen Unterrichtsstil stetig zu verbessern. Selbstreflexion ist dabei die Basis für meine persönliche Weiterentwicklung. Nur wenn ich mich nach jeder Schulstunde frage, was an dem Tag gut funktioniert hat und was nicht und schließlich nach den Gründen für das Gelingen oder Scheitern suche, kann ich meinen Unterricht weiter optimieren.

In den Protokollen notiere ich auch Auffälligkeiten, zum Beispiel wenn ein Schüler etwas sehr Seltsames oder Witziges gesagt hat. Dadurch ist mir auch im Gedächtnis geblieben, dass eine Lehrerin eines Gymnasiums nach einer Unterrichtseinheit zum Thema Todesstrafe Folgendes sagte:

> „Ich fand das ja heute ganz toll, was sie da alles so gemacht haben. Aber ich glaube in meinen Unterricht passen solche offenen Sachen, wie mit dem Rumlaufen, nicht rein. Da würde ich meinen Stoff ja gar nicht mehr schaffen." FT 1, S. 144, Z. 27-29

Diese Aussage regte mich dazu an zu untersuchen, welche Möglichkeiten und Grenzen offene Arbeitsformen im Schulunterricht bieten können.

1.3 Ziel der Studie

Das Ziel dieser Studie ist es, Gestaltungsempfehlungen für den Unterricht mit offenen Arbeitsformen innerhalb der Menschenrechtsbildung zu entwickeln. Um diese Empfehlungen formulieren zu können, musste ich mir überlegen, über welche Teilfragen ich mein Ziel erreichen konnte. Zu Beginn stand eine theoretische Auseinandersetzung mit einzelnen in der Fragestellung genannten Begriffen. Daraus resultieren zwei Fragen:

1) Was wird unter dem Begriff offene Arbeitsformen verstanden?

2) Wie sieht die Sachstruktur von Menschenrechtsbildung aus?

Diese beiden Fragen werden durch den ersten Teil der vorliegenden Studie, den Theoriekomplex, beantwortet. Es schließen sich daran zwei weitere Teilfragen an:

3) Welche Faktoren wirken hemmend bzw. förderlich hinsichtlich der Verwendung von offenen Arbeitsformen?

4) Welche Lernerfahrungen werden durch offene Arbeitsformen erlebt?

Die Fragen drei und vier werden mit Hilfe meiner persönlichen Tagebuchaufzeichnungen und anhand von problemzentrierten Interviews, die mit Gymnasiallehrerinnen durchgeführt wurden, beantwortet. In Bezug auf die Fragen drei und vier habe ich die Annahme, dass offene Arbeitsformen lernförderlich sind und einen besseren inhaltlichen Zugang zu einem Thema darstellen. Zudem gehe ich davon aus, dass bei der Verwendung von offenen Arbeitsformen Lernerfahrungen erlebt werden.

Die Ergebnisse aus den Tagebuchaufzeichnungen und den Interviews werden anschließend dazu genutzt, konkrete Gestaltungsempfehlungen für den Unterricht mit offenen Arbeitsformen innerhalb der Menschenrechtsbildung formulieren zu können.

1.4 Aufbau der Studie

Die vorliegende Studie ist in 6 Kapitel und eine abschließende Zusammenfassung gegliedert. Kapitel 1, die Einleitung, erklärt, welchen persönlichen Bezug ich zu dem Thema dieser Arbeit habe und wie ich das Thema entwickeln konnte. Das 2. Kapitel ist eine theoretische Abhandlung über offene Arbeitsformen und beantwortet somit Teilfrage eins „Was wird unter dem Begriff offene Arbeitsformen verstanden?" Innerhalb dieses Kapitels wird ausgehend von einer Abgrenzung zu ähnlichen Begriffen ein eigenes Begriffsverständnis von offenen Arbeitsformen entwickelt. Das 2. Kapitel hat zudem die Funktion, die Annahme zu prüfen, dass offene Arbeitsformen lernförderlich sind und einen besseren inhaltlichen Zugang zu einem Thema gewähren. Das anschließende 3. Kapitel hat die Aufgabe, die Gestaltung und Funktion von Menschenrechtsbildung zu beschreiben, womit die Teilfrage zwei „Wie sieht die Sachstruktur von Menschenrechtsbildung aus?" beantwortet wird. Empirische Untersuchungen, deren Gegenstand das Wissen über Menschenrechte ist, stellen einen wesentlichen Teil dieses Kapitels dar. Außerdem wird eine Auseinandersetzung mit den Begriffen Menschenrechtsbildung und Menschenrechtserziehung in diesem Kapitel vorgenommen. Das 4. Kapitel ist eine Synthese der Überlegungen aus den vorangegangenen Kapiteln. Hier wird beschrieben, weshalb offene Arbeitsformen innerhalb der Menschenrechtsbildung einen hohen Stellenwert haben. Außerdem wird die Unterrichtseinheit zum Thema „Gemeinsam gegen die Todesstrafe" vorgestellt. Diese Schulstunde haben alle Lehrer miterleben können, bevor ich sie interviewt habe. Das umfangreichste Kapitel ist das 5., die empirische Untersuchung. Die Leitfragen für diese Studie wurden bereits vorgestellt. Im 5. Kapitel sollen die Fragen drei und vier beantwortet werden. Dieses Kapitel besteht im Wesentlichen aus zwei Teilen: Nach einer theoretischen Einführung in die qualitative Sozialforschung erfolgt eine Beschreibung der Methode des problemzentrierten Interviews. Hier werden neben den theoretischen Grundlagen die Interviewfragen und die befragten Lehrer vorgestellt. Es schließt sich eine ausführliche Ergebnisdarstellung an. Der zweite Teil des 5. Kapitels beschäftigt sich mit meinen Forschungstagebüchern. Auch hier bildet ein Abschnitt zur Theorie eines Forschungstagebuchs die Grundlage für weitere Überlegungen. Die anschließenden Ergebnisse des Forschungstagebuchs sowie eine abschließende Zusammenfassung aller Ergebnisse runden das 5. Kapitel ab. Im 6. Kapitel werden schließlich konkrete Gestaltungsempfehlungen für den Unterricht mit offenen Arbeitsformen formuliert. Eine abschließende Zusammenfassung aller Kapitel bildet den Schluss.

Im Gegensatz zu vielen anderen wissenschaftlichen Arbeiten wird diese Studie in der persönlichen Ich-Form geschrieben. Denn meine eigenen Forschungstagebücher werden in die Untersuchung einbezogen, so dass ich und meine Gedanken selbst zum interessierenden Subjekt werden, weshalb ich eine unpersönliche Schreibweise in diesem Fall als unangebracht betrachte.

2. Offene Arbeitsformen – Ein Überblick

2.1 Erste begriffliche Klärungen

Gegenstand der vorliegenden Arbeit ist die Auseinandersetzung mit aktiver Unterrichtsgestaltung. Hierfür müssen zwei wesentliche Ausgangsfragen berücksichtigt werden: 1. Was soll gelernt werden? 2. Wie soll gelernt werden? (vgl. Wellenreuther 2008, S. 76) Diese beiden Schlüsselfragen stehen in einem Wechselwirkungsverhältnis: Wenn gefragt wird, wie etwas gelernt werden soll, muss selbstverständlich eine inhaltliche Analyse vorausgehen, die erste Frage heißt also immer: Was soll gelernt werden? Innerhalb des Schulbetriebes ist es im Regelfall der Lehrplan, der vorgibt, welches Wissen für einen Schüler in einem bestimmten Alter relevant ist.

Innerhalb des schulischen Lernbetriebs existieren zwei wesentliche Lernziele. Zum einen das Erlernen von einem breit gefächerten Weltwissen, zu dem ebenfalls die Grundfähigkeiten Lesen, Schreiben und Rechnen zählen, und zum anderen die Entwicklung und Förderung einer sozialen Kompetenz des Schülers. (vgl. ebd.) Letztere umschreibt dabei unter anderem die Befähigung des Schülers, mit seinen Mitschülern zusammenarbeiten zu können, sich gegenseitig helfend und erklärend zur Seite zu stehen sowie das Vermögen, sich in andere hineinversetzen zu können. (vgl. ebd., S. 77)

Viele verschiedene Wissensbausteine können diese genannten Eignungen beim Schüler herausbilden. Dabei ist zu bedenken, dass manche Wissensbereiche auf bereits vorhandene Wissensbausteine aufbauen müssen. In diesem Fall muss eine Wissensgrundlage vorhanden sein, damit der Schüler folgende Wissenselemente aufnehmen und verarbeiten kann. (vgl. ebd., S. 77) Die Frage, die sich mir an diesem Punkt stellt, rückt den Schüler und zugleich den Lehrer in den Mittelpunkt des Geschehens:

- Wie kann im Unterricht eine Lernatmosphäre gestaltet werden, damit sich der Schüler gemäß seinen Möglichkeiten entfalten kann? Welche Möglichkeiten und Grenzen gibt es?

Dieser Aspekt ist der zentrale Punkt des vorliegenden Kapitels. Dabei ist zu bedenken, dass der Physikunterricht andere Möglichkeiten der Veranschaulichung bieten kann als beispielsweise der Gemeinschaftskundeunterricht. Dieser Umstand wird bereits durch die unterschiedlichen inhaltlichen Ausrichtungen begründet: Während der Physikunterricht naturwissenschaftliche Sachverhalte veranschaulichen will, und sich dabei Experimente zu Nutze machen kann, sind die Prämissen im Gemeinschaftskundeunterricht auf der gesellschaftspolitischen Ebene zu sehen. Infolgedessen wird, um den Anforderungen unterschiedlicher Fächer gerecht zu werden, von verschiedenen Fachdidaktiken gesprochen. Das Interesse der vorliegenden Arbeit kann nicht auf ein einzelnes Fach und somit auf eine Fachdidaktik beschränkt werden, wohl aber kann von einer gesellschaftspolitischen Orientierung ausgegangen werden, die im vorliegenden Fall auf die Menschenrechte gerichtet ist. Um über die Verwendung von offenen Arbeitsformen in eben diesem Unterrichtsbereich schreiben zu können, ist es nötig, eine Begriffsdefinition zu entwickeln.

Der weitreichende Begriff der offenen Arbeitsformen wurde gewählt, um eine bestimmte Form von Lernarrangements[1] beschreiben zu können. Dabei erscheint es mir besonders wichtig den Begriff „offene Arbeitsformen“ von anderen Fachausdrücken, nämlich dem Konzept des offenen Unterrichts und der Idee von Lehr- und Unterrichtsmethoden, abzugrenzen. Ein eigenständiges Begriffsverständnis von offenen Arbeitsformen ist Ziel dieser Abgrenzung.

2.2 Offener Unterricht – Eine Begriffsabgrenzung

Der Fachausdruck „offener Unterricht“ tritt in der Literatur besonders häufig auf, wobei viele Autoren ein unterschiedliches Begriffsverständnis hierzu entwickelt haben. Da mir bewusst wurde, dass ich zu Beginn meiner Recherchen zu dieser Arbeit die Begriffe „offener Unterricht“ und „offene Arbeitsform“ inkorrekt synonym verwendete, erschien es mir wichtig, eine deutliche Abgrenzung der Begriffe für den Leser zu ziehen.

---

[1] Unter Lernarrangement verstehe ich eine durchdachte Struktur zum Ablauf des Lernprozesses.

Das Prinzip des offenen Unterrichts zu erklären, ist, wie bereits erwähnt, aufgrund verschiedener Begriffsdefinitionen nicht leicht. Norma Kreuzberger umschreibt in ihrer Dissertation den Begriff offener Unterricht als „Ober- bzw. Sammelbegriff für einen Unterricht, der bisher noch nicht mit einem einheitlichen Begriffs- und Konzeptverständnis definiert worden ist (...)". (Kreuzberger 2002, S. 28) Für Schaub und Zenke (2007) ist die Vorstellung von einem offenen Unterricht, dass das Konzept „den soge. lernzielorientierten und lehrerzentrierten Unterricht öffnen [will], um Schülern durch selbstständiges und kooperatives, problemorientiertes und handlungsbezogenes, mitbestimmendes und mitverantwortendes Lernen Gelegenheit zu geben, Fähigkeiten für das Leben in einer von Wissenschaft und Demokratie geleiteten offenen Gesellschaft zu erwerben". (Schaub, Zenke 2007, S. 474) Lehrerzentrierter Unterricht[2] bedeutet dabei, dass allein der Lehrer das Unterrichtsgeschehen bestimmt. Er wählt, ausgehend von entsprechenden Lehrplänen, die Inhalte aus und arbeitet sie für seine Schüler auf. Dies ist aber nicht das wesentlichste Merkmal dieser Unterrichtsgestaltung. Bedeutender ist, dass der Redeanteil des Lehrers deutlich höher ist, als der Redeanteil der Schüler. Die Schüler sind nur selten aktiv in den Unterrichtsverlauf eingebunden. Innerhalb dieses Unterrichts dominieren „nicht selten *Lehrervortrag* und *autoritärer Unterrichtsstil*". (Schröder 2001, S. 310)

Die Bewegung des offenen Unterrichts setzt an eben diesem Punkt an und möchte den Schülern ein deutlich höheres Mitgestaltungsrecht ihrer Schule geben. Ebenso wird in der Definition von Schaub und Zenke (2007) der lernzielorientierte Unterricht angesprochen. Dies bedeutet, dass, nach der Definition von Staub und Zenke (2007, S. 474), über einer Schulstunde, die vorab durch den Lehrer für seine Schüler geplant wurde, immer ein Lernziel steht. Dieses beschreibt, was die Schüler am Ende der Schulstunde wissen und können sollten.[3]

---

2 Das Gegenteil zum lehrerzentrierten Unterricht ist der schülerzentrierte Unterricht: Hier „wird der Schüler zum wichtigsten Bezugspunkt der Vorbereitung und Gestaltung des Unterrichts". (Schröder 2001, S. 310) Die Forderung nach der Anerkennung von unterschiedlichen Lerntempi der Schüler und der Anerkennung der Individualität jedes Schülers stehen im Mittelpunkt. (vgl. ebd.)

3 Definition Lernziel: Diese Ziele sollten dabei „(...) so präzise und konkret wie möglich [formuliert sein und] nicht nur Aussagen über den Lerninhalt, sondern vor allem auch über das beobachtbare Endverhalten und die Bedingungen, unter denen der Schüler das Verhalten zeigt, machen". (Schaub, Zenke 2007, S. 401)

Die Initiative des offenen Unterrichts versteht sich zwar als Gegenposition zum lernzielorientierten Unterricht, dies bedeutet aber keinesfalls, dass diese Form des Unterrichts ziel- und planlos verläuft. Eiko Jürgens, Professor für Schulpädagogik der Universität Bielefeld, kritisiert in seinem Buch „Die ‚neue' Reformpädagogik und die Bewegung offener Unterricht" (2004), dass dem offenen Unterricht oftmals eine unvorbereitete Unterrichtsgestaltung vorgeworfen wird. Nach Jürgens (2004) würde der offene Unterricht oft mit einer „Art ‚spontaner Erlebnispädagogik', die unkontrolliert bzw. unkontrollierbar ablaufen müsse (...) verwechselt". (Jürgens 2004, S. 11) Vielmehr soll die Untergliederung des Unterrichts in einzelne Ziele soweit aufgeweicht werden, dass lediglich ein Handlungsrahmen entsteht, an dem sich der Lehrer orientieren kann. Kinder und Jugendliche sollen durch selbstständig organisiertes Lernen dazu befähigt werden, ihre Persönlichkeit frei entwickeln zu können. (vgl. Kreuzberger 2002, S. 29) Der Lehrer fungiert bei dieser Sichtweise lediglich im Hintergrund. Er gibt Hilfestellungen, wenn der Schüler danach verlangt, ansonsten liefert er lediglich Denkanstöße und Gedankenimpulse. Ein Vergleich zu verschiedenen Ideen der traditionellen und auch der sekundären Reformpädagogik liegt hierbei auf der Hand, soll aber im Rahmen dieser Arbeit aufgrund der zeitlichen Vorgaben nicht weiter bearbeitet werden. Abschließend sollen an dieser Stelle als Zusammenfassung die sechs Merkmale des offenen Unterrichts nach Wallrabenstein (1994, S. 61f) genannt werden:

- Lernumwelt: Ein Klassenraum mit Werkstattcharakter, welcher u.a. mit offenen Lernzonen, Forschertischen, Spielecke ausgestattet ist.
- Lernorganisation: Flexible Wochen- und Tagespläne ermöglichen freies Arbeiten.
- Lernmethoden: Möglichkeiten der freien und gegenseitigen Hilfe, praktisches Lernen und Selbstkontrolle sollen gegeben sein, damit sich der Schüler frei entfalten kann.
- Lernatmosphäre: Die Schüler werden vom Lehrer als „Lerner mit individuellen Lernvoraussetzungen" (Wallrabenstein 1994, S. 61) betrachtet. Entsprechende Förderungsmöglichkeiten werden auf der Basis von gegenseitigem Vertrauen und Respekt entwickelt.
- Lerntätigkeit: Die Schüler stimmen gemeinsam ab, stellen zusammen etwas her, experimentieren und arbeiten weitestgehend selbstständig.

- Lernergebnisse: Werden durch Geschichten, Gedichte, Bilder, Theateraufführungen u.ä. gesichert.

Durch diese sechs Punkte lässt sich ein wesentliches Merkmal des offenen Unterrichts herausstellen: Das Prinzip des offenen Unterrichts beschreibt einen Entwurf, welcher in den meisten Fällen die gesamte Struktur einer Schule betrifft. Es werden nicht nur einzelne Schulstunden damit umschrieben. Vielmehr handelt es sich um ein Gesamtkonzept, welches sich über eine Schulkonstruktion spannt.

Der letzte Abschnitt hat verdeutlicht, welche Grundgedanken dem Konzept des offenen Unterrichts zugrunde liegen. Im folgenden Abschnitt werden die Begriffe Unterrichts- und Lehrmethode definiert und ebenfalls, wie oben bereits erwähnt, von dem Begriff offene Arbeitsformen abgegrenzt.

2.1.1 Unterrichtsmethode und Lehrmethode

Der Begriff offene Arbeitsformen wird in der Schulpädagogikliteratur selten verwendet. Geläufiger in dieser fachspezifischen Literatur ist der Begriff Unterrichts- oder Lehrmethode. Ganz bewusst habe ich mich bei der Titelformulierung der vorliegenden Arbeit gegen diese Begriffe entschieden.

Um die Gründe hierfür deutlich machen zu können, möchte ich im Folgenden auch diese Begriffe durch einen Definitionsversuch von offenen Arbeitsformen abgrenzen. Dieser Abschnitt hat aber noch eine zweite wesentlichere Funktion. Er soll möglichen Verwirrungen beim Lesen der folgenden Arbeit vorbeugen: In einigen Kapiteln werden eben diese beiden Begriffe in Zitaten anderer Autoren auftreten, wenn es darum geht, die Möglichkeiten der Gestaltung von Unterrichtsstunden zu beschreiben.

Die zwei genannten Begriffe eindeutig zu definieren, ist dabei nicht einfach, da verschiedene Autoren sich hierzu geäußert haben und teilweise unterschiedliche Definitionen aufgestellt haben. Grundsätzlich nähern sich die Autoren untereinander zwar an, die umfassenden Dimensionen ihrer Definitionen unterscheiden sich dabei aber grundlegend.

Die folgenden Tabellen 1 und 2 geben eine Übersicht darüber wieder, wie die Autoren der verwendeten Literatur die Begriffe Unterrichts- und Lehrmethode definieren. Die dritte Spalte der Tabelle hat dabei die Funktion, die Auffälligkeiten beziehungsweise die Besonderheiten einer jeden Definition noch einmal kurz zusammenzufassen.

Unterrichtsmethoden:

Autor	Definition	Besonderheit:
Aschersleben 1991, S. 20	„Eine einzelne Unterrichtsmethode ist für den Schüler eine Lernhilfe und umfasst alle Aspekte, in denen es um die Frage nach dem optimalen Verfahren zur Erreichung von Lernzielen geht.“	Optimale Lernbedingung für Schüler
Fuhrmann/Weck 1976, S. 27f	„Ihrem Wesen nach sind Unterrichtsmethoden Mittel zur Erreichung der gesellschaftlich determinierten und in den Lehrplänen ausgewiesenen oder immanent enthaltenen Ziele der Persönlichkeitsentwicklung der Schüler im Unterricht.“	Mittel zur Persönlichkeitsentwicklung des Schülers
Meyer 1994, S. 45	„Unterrichtsmethoden sind die Formen und Verfahren, in und mit denen sich Lehrer und Schüler die sie umgebende natürliche und gesellschaftliche Wirklichkeit unter institutionellen Rahmenbedingungen aneignen.“	Lernen von Schüler und Lehrer
Roth 1969, S. 24	„Maßnahmen, die während des unmittelbaren Lernvollzuges vom ersten Angehen des Gegenstandes durch den Schüler bis hin zu dessen sicherer Beherrschung und Verfügbarkeit als gezielte Lernhilfen durch den Lehrer getroffen werden, werden unter dem Begriff *Unterrichtsmethode* eingeordnet.“	Entscheidungsgewalt des Lehrers

Tabelle 1: Definition Unterrichtsmethode

Lehrmethoden:

Autor	Definition	Besonderheit:
Einsiedler 1981, S. 17	„Lehrmethoden sind bestimmte wiederkehrende Muster von Lehraktivitäten, die der Vermittlung von Lehrzielen und Lehrinhalten dienen, also Lernen bewirken sollen und von vielen Lehrern angewendet werden können.“	Wiederkehrende Muster, die Lernen bewirken
Gage/Berliner 1986, S. 455	„Allgemein gesagt besteht eine Lehrmethode aus immer wiederkehrenden Verhaltensmustern des Lehrers, die auf verschiedene Fachgebiete angewandt werden können, die für mehr als einen Lehrer charakteristisch und für das Lernen relevant sind.“	Wiederkehrende Verhaltensmuster des Lehrers
Einsiedler 1976, S. 122f	„[Die] Lehrmethode umfasst einen ganzen Fächer von Dimensionen: kognitive Strukturierung des Unterrichts, soziale Strukturierung, organisatorische Maßnahmen, sachstrukturelle Anordnung (Sequentierung) u.a.m. (...).“	Unterricht durch kognitive, soziale, sachstrukturelle und organisatorische Strukturierung

Tabelle 2: Definition Lehrmethode

Anhand dieser Definitionen lassen sich die beiden Hauptgründe für die Entscheidung, den Begriff offene Arbeitsform zu verwenden, verdeutlichen:

(1) Es wird deutlich, dass außer bei der Definition von Meyer (1987) immer nur eine Seite der eigentlich in einem wechselseitigen Interaktionsverhältnis stehenden Personen, nämlich Lehrer und Schüler, betrachtet wird. Für die vorliegende Arbeit ist solch eine einseitige Betrachtungsweise nicht ausreichend, da auch untersucht werden soll, welche Lernerfahrungen Lehrer und die Autorin neben den Schülern machen.

(2) Dadurch, dass innerhalb der Schulpädagogikliteratur der Begriff der offenen Arbeitsformen selten verwendet wird und in diesem Zusammenhang eher von oben diskutierten Begriffen gesprochen wird, war es mir möglich, ein eigenes,

von anderen Autoren weitgehend unabhängiges Begriffsverständnis zu entwickeln.

2.2 Definition: Offene Arbeitsformen

Während sich das Konzept des offenen Unterrichts gemäß den sechs Merkmalen nach Wallrabenstein (1994) auf die gesamte Schulstruktur einer Schule ausweitet, umschreiben die Begriffe Unterrichts- und Lehrmethode bereits einzelne Lernarrangements, die jeweils von einem Lehrer für seine Klasse konzipiert werden. Damit nähern sich beide Begriffe meinem Verständnis für offene Arbeitsformen an. Um eine endgültige Definition formulieren zu können, wird der Begriff offene Arbeitsformen zunächst einzeln definiert.

„Arbeitsform" wird in diesem Zusammenhang aus meiner Sicht wie folgt erklärt:

> Eine Arbeitsform beschreibt die wechselseitige Interaktion von Lehrer und Schüler im Unterricht auf der Basis inhaltlicher und methodischer Rahmenbedingungen.

Den Begriff „Arbeitsform" zu beschreiben, scheint auf den ersten Blick leichter, als „offen" im Zusammenhang mit Schule zu definieren. Denn Offenheit scheint im Schulalltag eine herausragende Stellung einzunehmen und wirkt als Selbstverständlichkeit. Würde man in einer Schule mehrere Lehrer befragen, ob sie durch ihre eigene Offenheit auch die Offenheit ihrer Schüler fördern, würde wohl kaum ein Lehrer verneinend antworten. (vgl. Jürgens 2004, S. 16f) Offene Lernsituationen können verschiedene Reichweiten umfassen. So kann damit ein schülerorientierter Unterricht gemeint sein. Es kann aber auch ein Unterricht ohne vorher festgelegtes Lernziel damit umschrieben werden. Die Vielfalt und Reichweite ist beachtlich und erinnert wieder an den Versuch, die Idee des offenen Unterrichts zu beschreiben. Ich möchte in meinen folgenden Ausführungen „Offenheit" vor dem Hintergrund von Lernen wie folgt umschreiben:

> Fähigkeit des Lehrers, flexibel im Unterricht zu handeln und dabei eine anregende Lernatmosphäre für den Schüler zu schaffen.

Aus diesen beiden Definitionen wird in einem letzten Schritt eine Begriffsdefinition von offenen Arbeitsformen erstellt:

Offene Arbeitsformen beschreiben die wechselseitige Interaktion von Lehrer und Schüler im Unterricht auf der Basis inhaltlicher und methodischer Rahmenbedingungen mit dem Ziel einer optimalen Genese der Fertigkeiten des Schülers und einer ständigen Weiterentwicklung von Lernerfahrungen des Lehrers.

Im Rahmen meiner Recherchen zum Kapitel 2.3, Gedächtnis und Lernen, entdeckte ich auf einer Internetseite zum Thema „Die zentralen Inhalte schulischer Bildung"[4] einen Absatz, in dem Techniken zur besseren Informationsverarbeitung beschrieben wurden. Im Zusammenhang dieses Artikels handelte es sich dabei um Hilfsmöglichkeiten, wie man zu viele Informationen optimal ordnen kann und dabei Wichtiges von Unwichtigem unterscheidet. Ich finde, dass diese Beschreibung auch sehr gut auf meine Definition von offenen Arbeitsformen passt. Kurz zusammengefasst könnte man offene Arbeitsformen somit auch als Techniken zur besseren Informationsverarbeitung beschreiben. Diese Kurzversion der Definition enthält bereits das wesentlichste Ziel von offenen Arbeitsformen: Lernen nachhaltig und abwechslungsreich gestalten.

2.3 Exkurs: Biologische Grundlagen von Lernen und Gedächtnis

Viele Fachbücher geben explizite Hinweise zur Gedächtnispsychologie im Zusammenhang mit der Gestaltung von Lernarrangements (vgl. Wellenreuther 2008, S. 77). Das Wissen über bestimmte Gedächtnisstrukturen spielt demnach bei der Gestaltung von Lernprozessen eine große Rolle. Deshalb wird folgend ein kurzer Überblick über die Struktur unseres Gedächtnisses gegeben, um anschließend den Bezug zu offenen Arbeitsformen herstellen zu können.

Wie bereits angedeutet wurde, bildet die Gedächtnispsychologie eine wichtige Grundlage für die Unterrichtspädagogik. In ihr können Anhaltspunkte gefunden werden, die für die Bedeutung einer aktiven Unterrichtsgestaltung sprechen. Damit die Empfehlungen für nachhaltiges Lernen nachvollziehbar sind, ist es unumgänglich, einige biologische Grundlagen erklärend zusammenzustellen.

---

4 Die Internetseite ist im Internetquellenverzeichnis aufgeführt.

2.3.1 Aufbau des Gedächtnisses

Zu Beginn dieses Kapitels konnte darauf hingewiesen werden, welche Fertigkeiten die Schule bei einem Schüler unterstützend herausbilden sollte. In diesem Zusammenhang wurde beschrieben, wie verschiedene Wissensbausteine diese Fertigkeiten bilden. Grundsätzlich ist dabei zwischen deklarativen[5] und prozeduralen[6] Elementen zu unterscheiden. Erstere beschreiben Bewusstes, beispielsweise die Wiedergabe von Faktenwissen. Ebenso zählt in diesen Bereich das Nachdenken eines Menschen über die Welt, in dem er versucht, sie in ihren Einzelheiten zu verstehen. Dieses Nachdenken ist dabei ein bewusster Vorgang. Ebenso ist beispielsweise die Reflexion des Lehrers über eine bestimmte Schulstunde und damit verbunden die Frage, warum etwas gut verlaufen ist, ebenfalls ein solcher bewusster Vorgang. Prozedurale Elemente beschreiben hingegen Verfahrensweisen, bei deren Ausübung eine Person nicht lange nachdenken muss. So ist beispielsweise Lesen ein automatisierter Prozess, bei dem nicht mehr überlegt werden muss, welche Buchstaben zusammengezogen werden müssen. (vgl. Birbaumer, Schmidt 2003, S. 572 und Wellenreuther 2008, S. 77)

Die folgende Abbildung gibt einen kurzen Überblick über den Aufbau des Gedächtnisses. Die weiteren Untergliederungen des deklarativen und des prozeduralen Gedächtnisses sind hierbei lediglich der Vollständigkeit halber erwähnt, spielen aber für die weiteren Betrachtungen keine Rolle:

---

5 In der Literatur auch als expliziter Teil des Gedächtnisses benannt.

6 In der Literatur auch als impliziter Teil des Gedächtnisses benannt.

1. Entwicklung des Gedächtnisses

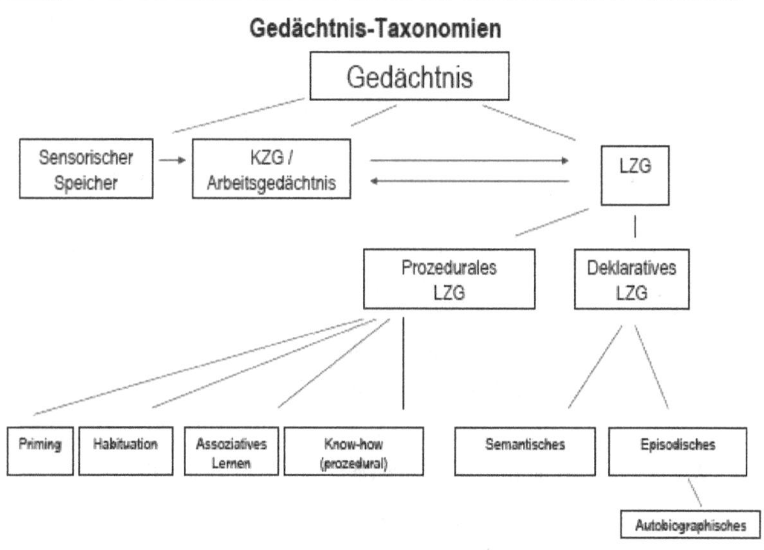

Abbildung 1: Entwicklung des Gedächtnisses (Vorlesungsskript „Lernen und Gedächtnis“ Daum 2007)

In dieser Abbildung werden sowohl das Kurzzeit- als auch das Langzeitgedächtnis aufgeführt. Im vorgelagerten sensorischen Speicher, der auch als Ultrakurzzeitgedächtnis bezeichnet wird, werden Informationen nur sehr kurzzeitig gespeichert, vor allem Informationen, die die Sinnesorgane aufnehmen. Das Kurzzeitgedächtnis, in dieser Übersicht mit KZG abgekürzt, wird in der gängigen Literatur auch als Arbeitsgedächtnis bezeichnet. Diese Gedächtnisform hat eine begrenzte Speicherkapazität. Der Übergang von Informationen vom Kurzzeitgedächtnis zum Langzeitgedächtnis, hier abgekürzt mit LZG, erfolgt durch den Prozess der „Konsolidierung“. (Birbaumer, Schmidt 2003, S. 576) Darunter „wird das ‚zyklische‘ Kreisen (Wiederholen) von Informationen im selben Abschnitt des KZG verstanden, das die Information dort ‚am Leben‘ hält, so daß sie nach einer bestimmten Anzahl von Zyklen eine hypothetische kritische Schwelle zum LZG überschreiten kann“. (ebd.) Das Kurzzeitgedächtnis kann ohne ein intensives Training nicht mehr als 7+/-2 Elemente speichern. Durch das Zusammenziehen von Wörtern zu Silben oder von Zahlen zu Jahreszahlen, also der Gruppierung von Elementen zu so genannten Chunks, können mehr Informationen im Kurzzeitgedächtnis gespeichert werden. So lassen sich beispielsweise die Zahlen 1 3 0 7 1 9 8 5 besser merken, wenn man sie als Tag, Monat und Jahr ansieht: 13.07.1985. Auf diese Weise werden aus acht zu merkenden Elementen drei Chunks. Allerdings ist auch auf diesem Weg die Speicherkapazität begrenzt: Fünf bis sieben Chunks kann das Kurzzeitgedächtnis aufnehmen. (vgl. ebd., S. 577) Wenn nach ausreichender Wiederholung eine Information schließlich im Langzeitgedächtnis angelangt ist, wird diese dort entsprechend ihres Informationsgehaltes in einem bestimmten Kontext gespeichert. Nun ist dieser Inhalt theoretisch abrufbar, nur muss der richtige Auslöser, beispielsweise eine Situation oder ein Begriff, die Information wieder „freilegen". Hierfür muss sie wieder in das Kurzzeitgedächtnis übermittelt werden. Je mehr Verkettungen eine Information im Gehirn hat, umso leichter ist sie wieder abrufbar. (vgl. ebd., S. 578 und Wellenreuther 2008, S. 79)

Auf der Basis dieses Grundlagenwissens über den Aufbau des Gedächtnisses lassen sich nach Wellenreuther (2008, S. 78) die Phasen des Lernens darstellen:

(1) Phase der ersten Aneignung von Wissen,

(2) Phase der Verfestigung und Konsolidierung von Wissen

(3) Phase der Verflüssigung und Automatisierung von Wissen

Bei der Betrachtung von Phase eins muss die beschränkte Aufnahmekapazität des Arbeitsgedächtnisses berücksichtigt werden. Aufgrund dessen muss der Lehrer genau überlegen, welche Informationen er seinen Schülern präsentiert, und auf welche Art und Weise er dies unternimmt, damit eine erste Erinnerung beim Schüler entstehen kann.

Wenn in Phase zwei die Erinnerungen und Gedanken zu einem bestimmten Thema geübt und ausreichend wiederholt werden, haben sie die Möglichkeit mit bereits vorhandenem Wissen vernetzt zu werden, was der dritten Phase entspricht. (vgl. Wellenreuther, S. 79) Dabei ist grundlegend eine horizontale Verarbeitung von Wissen von einer vertikalen zu unterscheiden. Letztere beschreibt dabei die Verständnistiefe von Informationen. Generell gilt „je stärker die aufgenommenen Inhalte z.B. mit schon gelernten Begriffen und Beziehungen verbunden werden, desto stärker werden die Informationen nach Gemeinsamkeiten und Unterschieden gruppiert". (ebd., S. 131) Man kann sich dabei das Bild eines gut aufgeräumten Kleiderschranks vorstellen: Die

Sachen sind beispielsweise nach Funktionalität, Häufigkeit des Tragens, Farbe usw. in Schubladen gruppiert. So liegen z.B. die Hosen nicht zusammen mit den Oberteilen, aber sicher in der Nähe, weil man beides zusammen sehr häufig trägt.

Die horizontale Verarbeitung von Wissen bedeutet im Gegensatz dazu, dass Informationen nach Möglichkeit vielfältig im Gedächtnis verankert werden. „Je breiter die Informationsaufnahme angelegt wird, umso vielfältiger werden die Spuren im Gedächtnis verankert. Dadurch sind sie auf vielfältigen Wegen wieder abrufbar bzw. erinnerbar." (ebd., S. 125) Die Aufgabe der horizontalen Verarbeitung liegt demnach darin, zahlreiche Knotenpunkte und Verknüpfungen aufzubauen, auf denen Informationen abgerufen werden können. Natürlich drängt sich an diesem Punkt die Frage auf, wie Informationen breit gefächert vermittelt werden können. Hier werden alle Sinne angesprochen, wie Riechen, Hören, Sehen, aber auch ebenso Empfindungen, wie Glück und Freude, Traurigkeit und Bedrücktheit sowie Ärger und Wut. Ebenso kann der Bewegungssinn sowie die eigene Körperwahrnehmung angesprochen werden, damit Informationen breit gefächert gespeichert werden können.

Diesem Ansatz folgend, kann ein reiner Lehrervortrag ohne Bilder, Dinge zum anfassen und der Möglichkeit, etwas selbst ausprobieren zu können, nicht dieselbe Wissensvernetzung beim Schüler erreichen, wie eine lebhafte und schülerorientierte Unterrichtsgestaltung. Dies soll allerdings nicht bedeuten, dass auf Vorträge verzichtet werden soll, schließlich heißt Phase eins des Lernens: erste Aneignung von Wissen. Vielmehr könnten diese Vorträge als Grundlage für eine facettenreiche Weiterarbeit genutzt werden.

2.3.2 Übertragung auf die Inhalte der Studie

Zusammenfassend und rückblickend auf den vorhergehenden Abschnitt lässt sich Folgendes feststellen:

(1) Es müssen prozedurale von deklarativen Elementen im Gedächtnis unterschieden werden. Durch die Verwendung von offenen Arbeitsformen werden beide Elemente angesprochen. Wenn beispielsweise durch eine offene Arbeitsform die Diskutierfähigkeit von Schülern trainiert wird und Hinweise des Lehrers zur Verbesserung erfolgen, ist dies ein Prozess. So wird der Schüler beim nächsten Mal nicht mehr darüber nachdenken, weshalb er ein Argument auf

eine bestimmte Art und Weise strukturiert, er formuliert es einfach. Natürlich werden auch Weltwissen und bloße Fakten durch offene Arbeitsformen vermittelt, womit deklarative Elemente des Gedächtnisses aktiviert werden.

(2) Der Aufbau von Wissen, welches in horizontale und vertikale Strukturen gegliedert wird, kann durch offene Arbeitsformen ebenfalls unterstützt werden. So werden verschiedene Sinne der Schüler angeregt. Im Zusammenhang mit der inhaltlichen Bezugseinheit Menschenrechtsbildung werden vor allem die Empfindungen und Emotionen angesprochen.

Vertikale Strukturen werden ebenso aktiviert, da offene Arbeitsformen eine Person motivieren können, sich über den Schulunterricht hinaus mit einem bestimmten Thema auseinanderzusetzen. Man kann auch sagen, dass dadurch mehr Impulse ausgelöst werden, die den Schüler dazu anregen können, sich mit einem bestimmten Sachverhalt näher auseinanderzusetzen.

Es bleibt also festzuhalten, dass offene Arbeitsformen versuchen, das Lernen zu erleichtern und somit für den Schüler eine Vereinfachung bedeuten können. Kapitel 4.2 wird eine empirische Untersuchung vorstellen, die zeigt, welche Bedeutung offene Arbeitsformen im Unterricht der Menschenrechte haben.

Die Auswahl von empirischen Untersuchungen in diesem Kapitel wird aufzeigen, welche Effekte verschiedene Lernarrangements, unabhängig von der inhaltlichen Gestaltung, auf das Schülerverhalten haben können.

2.4 Empirische Untersuchungen

Es gibt zahlreiche empirische Untersuchungen, die sich mit der Frage auseinandersetzen, wie Unterricht in der Schule gestaltet sein sollte, damit die Schüler optimale Lernbedingungen vorfinden können. Auf der Basis von reformpädagogischen Diskussionen wurden 1925 in den Vereinigten Staaten von Amerika erste Untersuchungen zum Vergleich von lehrerzentriertem und schülerzentriertem Unterricht vorgenommen. (vgl. Roth 1971, S. 25f) Dieser Untersuchungsgegenstand ist dabei in vielen folgenden Untersuchungen immer wieder zu finden. Die Fragestellungen und die Instrumentarien für die Untersuchungen haben sich dabei natürlich präzisiert. Im folgenden Abschnitt wird eine Auswahl solcher Untersuchungen vorgestellt.

2.4.1 Leo Roth – Effektivität von Unterrichtsmethoden (1971)

Roth (1914-2002) führte seine Untersuchungen in achten Klassen von Hauptschulen in Lüneburg und Umgebung durch. Ziel seiner Untersuchung war es herauszufinden, wie sich verschiedene Formen von Lernbedingungen unter Berücksichtigung von Schülerintelligenz auswirken. Diese Hauptfragestellung wurde durch verschiedene Teilfragen beantwortet[7]. Da diese hier nicht von Interesse sind, werde ich nur auf einzelne dieser Teilfragen Bezug nehmen.

Innerhalb der Untersuchung wurden drei Formen von Lernarrangements gegenübergestellt: Gruppenarbeit, programmierter Unterricht und Frontalunterricht. (vgl. Roth 1971, S. 25) Roth beschreibt und begründet im ersten Kapitel (genauer Kapitel 1.5) ausführlich sein methodisches Vorgehen, welches das Verfahren des pädagogischen Experiments (vgl. ebd., S. 26) umfasst. Roth entschied sich für diese Verfahrensweise, da sie die Möglichkeit bietet „im Untersuchungsablauf bestimmte Variablen planmäßig zu verändern" (ebd.). Als Untersuchungsverfahren wurden „Testverfahren, die schriftliche Befragung, Protokollverfahren und die kontrollierte Unterrichtsbeobachtung" (ebd.) ausgewählt.

Roth (1971) gelingt es zwar nahezu lückenlos seine Überlegungen dem Leser transparent zu machen, es fehlen jedoch grundsätzliche Begriffsdefinitionen. Der Leser wird mit einer Fülle von Hypothesen und Gleichungen konfrontiert ohne dabei zu wissen, was Roth (1971) selbst unter den genannten Lernarrangements versteht. So werden theoretische Auseinandersetzungen mit den Begriffen Gruppenarbeit, Frontal- und programmierter Unterricht nicht ausreichend vorgenommen. Nichtsdestotrotz handelt es sich bei dieser Untersuchung um eine beeindruckende und sehr aufwendige Analyse von Lernbedingungen in der Schule.

Die für die vorliegende Arbeit relevanten Ergebnisse sollen im Folgenden kurz dargelegt werden. Als ein zentrales Ergebnis der Untersuchung kann gelten, dass herausgefunden wurde, „daß unterschiedliche Organisationsformen von Lernbedingungen spezifische Effekte im Verhalten der Schüler bewirken". (ebd., S. 206) Roth (1971) konnte zeigen, dass der Lernzuwachs bei Schülern sowie der Verstehensgrad von neuen Inhalten abhängig war von dem Lernarrangement, welches den Schülern gebo-

[7] Roth unterschied 16 verschiedene Effekte voneinander. Diese können grob in vier Kategorien zusammengefasst werden: Lernzuwachs, Behalten von Wissen, Schülerverhalten während des Unterrichts sowie Zufriedenheit der Schüler und Lehrer.

ten wurde. Die Auswertung ergab, dass die Behaltensleistung von Wissen beim Schüler beim programmierten Unterricht am höchsten war, gefolgt vom Gruppenunterricht. Die Schüler, die fast ausschließlich frontal unterrichtet wurden, zeigten deutlich geringere Behaltensleistungen als die Schüler der zuerst erwähnten Gruppe. (vgl. ebd., S. 105f)

Ein weiteres interessantes Ergebnis der Untersuchung ist, dass die Lernbedingungen das Schülerverhalten deutlich mehr beeinflussen als beispielsweise das Intelligenzniveau der Schüler. (vgl. ebd., S. 208) Roth (1971) sieht darin eine Möglichkeit, die Lehrern zur Verfügung gestellt wird, Schülerverhalten entsprechend zu beeinflussen und in gewisser Weise zu lenken. Als Fazit seiner Untersuchung stellt Roth (1971), neben Empfehlungen für weitere Untersuchungen, eine Forderung auf, die den Schüler bei möglichst geringer Fremdbestimmung zu einem höheren Ausmaß an Mitbestimmung herausfordert. (vgl. ebd.)

2.4.2 Rose M. Giaconia and Larry V. Hedges – Identifying Features of Effective Open Education (1982)

Giaconia und Hedges führten im Jahr 1982 eine Metaanalyse[8] durch. Der bereits in diesem Kapitel diskutierte Umstand, dass es viele empirische Untersuchungen zum Thema „offener Unterricht" mit sehr unterschiedlichem Verständnis von eben diesem Begriff gibt, ist auch den Autoren dieser Metaanalyse aufgefallen. Trotz dieser unterschiedlichen Voraussetzungen wurde innerhalb der Untersuchung versucht, eine generelle Tendenz über die Effektivität von offenem Unterricht herauszufiltern. Zu beachten ist, dass die in die Metaanalyse einbezogenen Studien einzelne Unterrichtsphasen und -stunden untersuchten. Aus diesem Grund sind die Ergebnisse für diese Studie interessant.

Es wurden 153 empirische Studien (Giaconia, Hedges 1982, S. 584) für die Analyse ausgewertet. Vorab waren bereits die unterschiedlichen Ergebnisse der Studien interessant. So kamen einige Untersuchungen zu dem Ergebnis, das sich offener Unterricht positiv auswirkt auf das Selbstkonzept der Schüler und ihre Mathematik- und Leseleistung. Zudem würde die Kreativität und Denkfähigkeit der Schüler positiv ge-

---

8 „Bei dem (…) Verfahren der *Meta-Analyse* werden die zu einem Phänomen gesammelten Untersuchungen als ein großes Experiment und jede in die Analyse eingehende Untersuchung als einzelne Beobachtung behandelt." (Atkinson u.a. 2001, S. 220)

fördert. (vgl. ebd., S. 580) Andere empirische Untersuchungen kamen zu einem umgekehrten Bild. Hier waren die negativen Effekte in den genannten Bereichen deutlich höher. (vgl. ebd.) Diese unterschiedlichen Ergebnisse waren ein Anlass für Giaconia und Hedges (1982) ihre Metaanalyse durchzuführen.

Die zentralen Ergebnisse lassen sich der folgenden Übersicht entnehmen:

TABLE II

Summary of the Results of the Meta-analysis

	Number of Comparisons[a]	Number of Studies[b]	Effect Sizes				Percentage of Comparisons Which Favor		
			Mean	SD	Homogeneity Statistic	*df*	Open	Traditional	Neither
Academic Achievement									
Language	34	33	−.069	.569	201.76**	33	33	63	4
Math	64	57	−.037	.388	311.36**	63	43	52	5
Reading	73	63	−.083	.362	313.88**	72	42	54	4
Miscellaneous	23	25	−.153	.430	105.65**	22	38	55	7
Nonachievement Outcomes									
Achievement Motivation	10	8	−.262	.296	24.39*	9	29	57	14
Adjustment	19	9	.170	.577	36.46*	18	58	42	0
Anxiety	29	19	−.010	.611	226.08**	28	49	51	0
Attitude toward School	68	50	.169	.452	423.63**	67	68	31	1
Attitude toward Teacher	20	17	.199	.497	260.02**	19	67	25	8
Cooperativeness	7	8	.229	.442	18.53*	6	80	10	10
Creativity	21	22	.286	.419	72.63**	20	69	19	12
Curiosity	5	7	.165	.430	37.65**	4	57	29	14
General Mental Ability	13	16	.183	.440	83.27**	12	59	36	5
Independence	26	22	.278	.667	161.37**	25	68	30	2
Locus of Control	19	16	.007	.346	64.44**	18	46	50	4
Self-concept	84	60	.071	.418	295.24**	83	53	41	6

Abbildung 2: Ergebnisse von Giaconia und Hedges (1982, S. 587)

Die positiven Werte stehen für die Überlegenheit des offenen Unterrichts, negative hingegen sprechen für den traditionellen lehrerzentrierten Unterricht. Interessant sind die Ergebnisse hinsichtlich der Motivation. Diesem Resultat folgend ist die Motivation eines Schülers im traditionellen Unterricht höher als im offenen Unterricht. Demgegenüber stehen vor allem soziale Kompetenzen, wie Kooperation und Selbstständigkeit, die im offenen Unterricht positiv gefördert werden.

Abschließend kann man sagen, dass die Metaanalyse von Giaconia und Hedges (1982) zwar Ergebnisse hervorgebracht hat, die auch für den traditionellen Unterricht sprechen, allerdings stehen diesen die Resultate für den offenen Unterricht gegenüber. Giaconia und Hedges geben, neben ihrer Forderung nach mehr Untersuchungen, an, dass es schwierig ist, den Unterricht zu beschreiben, der alle Schüler gleichermaßen fördert. (vgl. ebd., S. 600)

2.4.3 Zusammenfassende Ergebnisse der ATI-Forschung

Im Folgenden wird der Blick nicht auf einzelne Studien gerichtet, vielmehr erscheint es mir sinnvoll, lediglich einige wichtige zentrale Ergebnisse darzustellen.[9] Vor dem Hintergrund der vorliegenden Arbeit reicht diese oberflächliche und kurze Darstellung aus, da sie die bisher vorgestellten Ergebnisse stützt und ergänzt.

Die ATI-Forschung (Aptitude Treatment Interaction) hat eine „Wechselwirkung zwischen individuellen Lernvoraussetzungen und der Wirksamkeit bestimmter Lehrmethoden nachgewiesen". (Krapp, Weidenmann 2001, S. 628) Die Eigenschaften von Unterrichtssituationen und die individuellen Merkmale der Lernenden interagieren in umfassender Weise miteinander. (vgl. ebd.) In vielen unterschiedlichen ATI-Studien konnte gezeigt werden, dass Schüler mit ungünstigen Lernvoraussetzungen in einem durchstrukturierten Umfeld besser lernen. Hingegen waren offene Lernumgebungen für Schüler mit günstigen Lernvoraussetzungen besser geeignet. (vgl. ebd., S. 629) Unter günstigen bzw. ungünstigen Lernvoraussetzungen können dabei verschiedene Bedingungen und Zustände verstanden werden. So kann eine hohe Ängstlichkeit eine schlechte Lernvoraussetzung sein, ebenso wie geringes Vorwissen zu einem bestimmten Themengebiet. (vgl. ebd.)

Meines Erachtens zeigen die Ergebnisse der vorgestellten empirischen Untersuchungen, dass es nicht die optimale Unterrichtsgestaltung für alle Schüler geben kann. Vielmehr müssen die Schüler mit ihren individuellen Voraussetzungen berücksichtigt werden. Allerdings konnten die Studien eindeutig zeigen, dass eine abwechselnde Unterrichtsgestaltung positive Auswirkungen auf die Schüler hat.

---

[9] Die Grundlage für diese Zusammenfassung bildet das Lehrbuch „Pädagogische Psychologie" von Andreas Krapp und Bernd Weidenmann (2001, S. 628 f). Auch hier beschränken sich die Autoren auf eine zusammenfassende Darstellung der bisherigen Forschung.

2.5 Die Kleingruppenarbeit – Vorstellung einer offenen Arbeitsform

Der nächste Abschnitt hat die Aufgabe, eine offene Arbeitsform, die Kleingruppenarbeit, näher vorzustellen. Neben einigen theoretischen Betrachtungen werden exemplarisch Vor- und Nachteile von offenen Arbeitsformen diskutiert.

Damit es nicht zu Verwirrungen kommt, sei gleich zu Beginn gesagt, dass innerhalb der Literatur der Begriff Gruppenarbeit deutlich häufiger verwendet wird als der Begriff der Kleingruppenarbeit. Auch wenn diese Begriffe auf den ersten Blick sehr ähnlich sind und manch einer sie vielleicht synonym verwendet, müssen sie voneinander abgegrenzt werden. Während in der Literatur unter Gruppenarbeit alle möglichen offenen Arbeitsformen zusammengefasst werden, wird hier unter Kleingruppenarbeit die Arbeit von zwei bis maximal fünf Personen verstanden, die zusammen Inhalte erarbeiten, ihren Erfahrungshorizont aktiv einbringen können und Problemlösemöglichkeiten erörtern. (vgl. Knoll 2003, S. 124) Der Unterschied zum Sammelbegriff Gruppenarbeit ist dabei offensichtlich: So werden beispielsweise im so genannten Kompass, einem Handbuch zur Menschenrechtsbildung[10], unter der Rubrik „Methoden der Gruppenarbeit" auch Brainstorming, Rollenspiele und Diskussionen[11] genannt. (vgl. bpb 2005, S. 45) Diese genannten Arbeitsformen folgen wieder eigenen Regeln und haben lediglich gemeinsam, dass verschiedene Personen zusammenarbeiten. Dabei kann aber schon die Anzahl der mitarbeitenden Personen variieren. So können sich an einem Brainstorming ohne größere Schwierigkeiten auch deutlich mehr als fünf Personen beteiligen. Wenn also im weiteren Verlauf der Arbeit innerhalb von Zitaten von Gruppenarbeit gesprochen wird, ist damit explizit die Kleingruppenarbeit gemeint.

Die Lernziele von Kleingruppenarbeit können aus Sicht einer an der Kleingruppenarbeit beteiligten Person wie folgt formuliert werden (vgl. Knoll 2003, S. 124):

Die Person:

- ist aktiv an der Bearbeitung und Erstellung von Inhalten beteiligt,

---

[10] Dieses Handbuch wird im folgenden Kapitel 3 noch eine größere Rolle spielen.

[11] Brainstorming bezeichnet „ein Verfahren der spontanen und freien Ideensammlung in einer Gruppe zur Lösung eines bestimmten Problems" (Schaub, Zenke 2007, S. 119) Im Gegensatz dazu ist das Rollenspiel „eine Spielform, in der die Teilnehmer eine definierte *Rolle* im Interaktionszusammenhang einer simulierten realen Lebenssituation darstellen". (ebd., S. 533)

- kann eigene Wünsche und Forderungen in die Gruppe einbringen,
- kann bereits vorhandenes Wissen sowie eigene Erfahrungen zum einen wahrnehmen und zum anderen mit der Gruppe teilen,

und

- entwickelt die Fähigkeit zum selbstständigen Erarbeiten und Problemlösen.

Eine Kleingruppe kann bereits aus zwei Personen bestehen, beispielsweise zwei Schülern, die nebeneinander sitzen. Der Zufall kann darüber entscheiden, welche Schüler zusammen in einer Gruppe arbeiten sollen. Dieses Verfahren wird in der in Kapitel 4 beschriebenen Unterrichtseinheit gegen die Todesstrafe angewendet. Auch gibt es die Möglichkeit, dass sich Kleingruppen durch gemeinsame Interessen oder Wünsche bilden. (vgl. Knoll 2003, S. 125f) Die Varianten, wie sich Kleingruppen finden und schließlich zusammenarbeiten, können sehr vielfältig sein. Im folgenden Abschnitt möchte ich auf Nachteile, die durch Kleingruppenarbeit entstehen können, eingehen. Es ist vielleicht ungewöhnlich, dass in einer Aufzählung mit negativen Aspekten begonnen wird. Es bietet sich allerdings an dieser Stelle an, weil aus den Nachteilen die Vorteile abgeleitet werden können.

2.5.1 Nachteile der Kleingruppenarbeit

Im schulischen Kontext ist das Ziel einer Kleingruppenarbeit häufig „die Herstellung eines Gruppenprodukts". (Wellenreuther 2008, S. 370) Dadurch kann schnell eine Art Wettbewerb unter den Schülern darüber entstehen, wer das beste Ergebnis hervorbringt. So können sich vor allem schwächere Schüler schnell unter Druck gesetzt fühlen und den Spaß an Kleingruppenarbeit verlieren. (vgl. ebd.) Die „Gruppenprodukte" (ebd.) werden häufig durch den Lehrer belohnt. Dadurch können sich die Schüler motiviert fühlen, in der Gruppe zusammenzuarbeiten, um schließlich die Belohnung erhalten zu können. Dies kann aber dazu führen, dass die leistungsstärkeren Schüler die leistungsschwächeren unter Druck setzen, um sicherzustellen, dass die Gruppe die Belohnung erhalten wird. (vgl. ebd., S. 392) Dazu kommt, dass, nach Wellenreuther (2008, S. 370), die Lehrer Nachfragen hinsichtlich der Verständlichkeit von Arbeitsaufträgen für die Kleingruppen häufig unterlassen. Dadurch wird nicht sichergestellt, dass alle Schüler wissen, was ihre Aufgabe ist, wodurch wiederum eine Überforderung entstehen kann. Es kann für den Lehrer schwierig sein, die Arbeitsaufträge für die Gruppe entsprechend aufzuarbeiten und zu formulieren. Gerade deshalb ist es wichtig, dass durch Nachfragen gewährleistet wird, dass alle wissen, was ihre Aufgabe beinhaltet. (vgl. ebd.) Wellenreuther (2008, S. 370) äußert zudem, dass sich Lehrer häufig zu sehr in die Arbeit der Kleingruppen einmischen und zudem wenig Wert auf eine Ergebnissicherung legen. Das Entwickeln von eigenen Ideen sowie das Ausprobieren von möglichen Problemlösungen werden meiner Ansicht nach durch eine Einmischung des Lehrers behindert. Durch diese negativen Aspekte kann das Potential einer Kleingruppenarbeit nicht ausreichend genutzt werden.

2.5.2 Vorteile der Kleingruppenarbeit

Zu Beginn der Auflistung der Nachteile von Kleingruppenarbeit wurde erwähnt, dass es passieren kann, dass die Schüler sich innerhalb ihrer Gruppe gegenseitig unter Druck setzen, damit sie sicherstellen, dass das Ergebnis der Gruppe entsprechend honoriert wird. Diese negative Möglichkeit außer Acht gelassen, kann es ebenso passieren, dass leistungsstärkere Schüler ihren Mitschülern helfen und mit ihnen zusammenarbeiten. Daraus folgt, dass der Lehrer die Gruppe nicht nur nach ihrem Gruppenergebnis bewerten sollte, sondern anhand des Lernzuwachses jedes Gruppenmitglieds. (vgl. ebd., S. 396) Durch diesen Prozess des sich gegenseitigen Helfens wird „die Fähigkeit zu sozialer Kooperation“ (Terhart 2005, S. 151) unterstützt. Außerdem wird der Schüler dazu angeregt, sich mit seinem Verhalten in der Gruppe auseinanderzusetzen und lernt somit zu reflektieren. (vgl. Meyer 1986, S. 380, zit. nach Terhart 2005, S. 152)

Die Kleingruppenarbeit bietet sich besonders dann an, wenn ein Thema facettenreich erarbeitet werden soll. Während sich eine Kleingruppe mit einem Bereich des Themas auseinandersetzt, kann dies eine andere Gruppe mit einem anderen Teilbereich tun. Ein anschließender Austausch stellt sicher, dass alle Schüler einen Überblick über das Gesamtthema erhalten. Allerdings muss dies, wie bereits bei den Nachteilen angemerkt wurde, unter Aufsicht des Lehrers vollzogen werden. Einen weiteren Vorteil von Kleingruppenarbeit sehe ich darin, dass der Schüler dazu ermuntert wird, selbstständig zu arbeiten und bei auftretenden Problemen eigenständig nach Lösungsmöglichkeiten zu suchen.

Mit Sicherheit könnte man die Liste der Vor- und Nachteile von Kleingruppenarbeit weiterführen. Aus meiner Sicht sind aber in diesem Abschnitt die wesentlichsten Merkmale genannt worden.

2.6 Zusammenfassung

Kapitel 2 hatte die Aufgabe zu verdeutlichen, welches Begriffsverständnis von offenen Arbeitsformen dieser Studie zugrunde liegt. Nach einer deutlichen Abgrenzung der offenen Arbeitsformen von den Ideen des offenen Unterrichts und der Lehr- und Unterrichtsmethoden konnte folgende Definition von offenen Arbeitsformen vorgestellt werden: Offene Arbeitsformen beschreiben die wechselseitige Interaktion von Lehrer und Schüler im Unterricht auf der Basis inhaltlicher und methodischer Rahmenbedingungen mit dem Ziel einer optimalen Genese der Fertigkeiten des Schülers und einer ständigen Weiterentwicklung von Lernerfahrungen des Lehrers.

Der anschließende Exkurs zu den biologischen Grundlagen diente dazu, die eingangs erwähnte Annahme, dass offene Arbeitsformen lernförderlich sind und einen besseren Zugang zu einem Thema ermöglichen, zu bestätigen. Auch die Vorstellung von einigen empirischen Studien zu diesem Thema konnte diese Annahme stützen, wenn auch teilweise unterschiedliche Ergebnisse, beispielsweise bei der Metaanalyse von Giaconia und Hedges (1982), vorgestellt wurden.

Der letzte Abschnitt des 2. Kapitels stellte die Kleingruppenarbeit als eine offene Arbeitsform in ihren Grundzügen vor. Die genannten Vor- und Nachteile können exemplarisch für offene Arbeitsformen angesehen werden. Die Kleingruppenarbeit wurde deshalb ausgewählt, weil diese im 4. Kapitel, während der Beschreibung einer Unterrichtseinheit zum Thema Todesstrafe, eine Rolle spielen wird.

Offene Arbeitsformen im Unterricht können in vielen Unterrichtsfächern und zu verschiedenen Unterrichtsinhalten eingesetzt werden. Da es im Rahmen dieser Studie nicht möglich ist, alle theoretisch möglichen Unterrichtsfächer durchzugehen, musste ich mich auf einen inhaltlichen Bezugsrahmen festlegen. Dies wird, wie bereits eingangs beschrieben wurde, die Menschenrechtsbildung sein, die Gegenstand des folgenden 3. Kapitels ist.

„Erziehung für die Menschenrechte ist selbst ein Menschenrecht und eine Grundvoraussetzung für die Verwirklichung von Menschenrechten, Demokratie und sozialer Gerechtigkeit."

Vladimir Volodin, russischer Schriftsteller, 1998

3. Pädagogik der Menschenrechte

3.1 Rückblick auf den historischen Prozess der Menschenrechtsentwicklung

„What I do not wish men to do to me, I also wish not to do to men." (Konfuzius, S. 11[12]) Dieser Ausspruch, den man sinngemäß als heute bekannte Goldene Regel der Ethik übersetzen kann – „Was du nicht willst, dass man dir tut, das füg auch keinem anderen zu!"[13] – stammt von Konfuzius, einem bedeutenden chinesischen Philosophen, der im 6. Jahrhundert vor Christus lebte. Man kann in diesem Ausspruch bereits die Forderung nach gleichen Rechten für alle Menschen herauslesen. In einer Chronik über die Geschichte der Welt könnte man viele solcher Meilensteine auf dem Weg zur endgültigen Verabschiedung eines Kataloges von allgemein gültigen Menschenrechten nachlesen. Um den langwierigen Prozess der Menschenrechte zu veranschaulichen, möchte ich in meinen folgenden Ausführungen lediglich einige dieser wichtigen Meilensteine darstellen. Eine ausführliche und anschauliche Darstellung über die historische Entwicklung der Menschen- und Bürgerrechte lässt sich im Heft „Grundrechte", herausgegeben durch die Bundeszentrale für politische Bildung[14] (bpb 1998), nachlesen. Ich habe die folgenden zwei Ereignisse ausgewählt, weil sie meiner Meinung nach Wendepunkte in der Weltgeschichte darstellen. Das bedeutet, dass

---

12 Konfuzius, in: The Analects of Confuzius. Der vollständige und ins Englische übersetzte Text kann im Internet (siehe Internetquellenverzeichnis) eingesehen werden.

13 Die Goldene Regel der Ethik wurde erstmalig im Buch Tobias Kapitel 4, Vers 16, (Apokryphen) formuliert. (nachzulesen: Lutherbibel in der Ausgabe von 1948)

14 Das Heft ist im Literaturverzeichnis aufgelistet, eine aktuellere Version kann auf der Seite der Bundeszentrale für politische Bildung eingesehen werden. Die entsprechende URL ist im Internetquellenverzeichnis aufgeführt.

diese Geschehnisse ihnen folgende Prozesse der Menschenrechtsentwicklung besonders stark beeinflusst haben.

Am 04. Juli 1776 erklärten die Vereinigten Staaten von Amerika in der „Declaration of Independence“ ihre Unabhängigkeit. Dieser Vertrag legte die Grundlage für alle folgenden Verfassungen. Trotzdem darf nicht außer Acht gelassen werden, dass diese Unabhängigkeitserklärung zu einer Zeit verfasst wurde, in der die Sklaverei und die Vertreibung der Indianer allgegenwärtig waren. (vgl. Berg 2001, S. 175f) Am 26. August 1789, nur 13 Jahre später, wurde die „Erklärung der Menschen- und Bürgerrechte“ als Errungenschaft der Französischen Revolution gefeiert, (vgl. ebd., S. 133) wobei dieses Ereignis durch die anschließende Terrorherrschaft getrübt wurde. Schließlich verging noch über ein Jahrhundert voller Kriege und Vernichtung, bis am 10. Dezember 1948 der Katalog der Allgemeinen Erklärung der Menschenrechte (AEdMR) ratifiziert wurde. 30 Artikel umfasst diese Erklärung mit etwa 100 einzelnen Rechten, wobei versucht wird, alle Lebensbereiche eines Menschen zu erfassen. (vgl. ebd., S. 618)

Die 30 Artikel lassen sich inhaltlich in Kategorien zusammenfassen. So zählen zu den so genannten bürgerlichen und politischen Rechten beispielsweise das Folterverbot (Artikel 5) und das Recht auf Asyl (Artikel 14) oder das Recht auf Meinungsfreiheit (Artikel 19). Das Recht auf Arbeit und freie Berufswahl (Artikel 23) aber auch das Recht auf Arbeitspausen und Freizeit (Artikel 24) sind Beispiele für die wirtschaftlichen und sozialen Rechte. Das Recht auf Bildung (Artikel 26) fällt ebenfalls in diesen Bereich und wird für diese Studie von weitreichender Bedeutung sein. Die letzte Kategorie in dieser inhaltlichen Unterscheidung der Menschenrechte umfasst die kulturellen Rechte, worunter beispielsweise Artikel 27 fällt, das Recht frei am kulturellen Leben der Gemeinschaft teilzunehmen. (vgl. bpb 1991, S. 33ff) Keiner dieser genannten inhaltlichen Bereiche der Menschenrechte darf einem anderen übergeordnet werden. Die Bedeutung dieser Rechte ist demnach gleich und kann darin ausgedrückt werden, dass die Menschenrechte universell gültig sind. Dadurch wird auch die Tatsache hervorgehoben, dass die Menschenrechte für alle Menschen gelten, gleich welche Hautfarbe sie haben, welches Geschlecht oder Alter. Sie sind zudem angeboren, unveräußerlich und unteilbar. Bereits in der „Präambel der Allgemeinen Erklärung der Menschenrechte“ wird die Bedeutung und die Faktizität der Menschenrechte hervorgehoben: „(…) da eine gemeinsame Auffassung über diese Rechte und Freiheiten von größter Wichtigkeit für die volle Erfüllung dieser Verpflichtung ist, proklamiert die Generalversammlung diese Allgemeine Erklärung der Menschenrechte als das von allen Völkern und Nationen zu erreichende gemeinsame Ideal (...)". (bpb 1991, S. 33) Auch wenn der Verabschiedung der AEdMR im Jahr 1948 durch die Vereinten Nationen keine Gegenstimme entgegenstand, waren die Menschenrechte nicht bindend. Dies änderte sich im Laufe der Jahre durch verschiedene Zusatzprotokolle und Übereinkommen, die von den Ländern ratifiziert werden konnten. Hervorzuheben ist dabei der so genannte „Zwillingspakt" aus dem Jahr 1966, der die gerade aufgezählten Rechtsbereiche nochmals stärkte. Die „Zwillingspakt" bestand aus dem „Pakt über bürgerliche und politische Rechte" sowie dem „Pakt über wirtschaftliche, soziale und kulturelle Rechte". (vgl. Brähler, Sommer, Stellmacher 2005, S. 57) Zusammenfassend lässt sich sagen, dass die Menschenrechte eine demokratische Grundordnung in der Welt schaffen sollen und damit den Grundstock für Frieden auf der Welt bilden. Die logische Konsequenz ist, dass diese hochgesteckten Ziele es rechtfertigen, dass jeder Mensch auf der Welt die AEdMR kennt, er also seine eigenen Rechte versteht und nach ihnen handelt und urteilt.

3.2 Das Wissen über Menschenrechte

Das Verständnis für die Menschenrechte scheint allerdings weltweit betrachtet nicht so groß zu sein, wie am Ende von Abschnitt 3.1 vermutet wurde. Dies zeigen einige empirische Untersuchungen, innerhalb derer erforscht werden sollte, wie gut sich Menschen mit der Allgemeinen Erklärung der Menschenrechte auskennen. Eine Studie des Human Rights Resource Center[15] in den Vereinigten Staaten von Amerika kam zu einem erschreckenden Ergebnis: Lediglich 8 % der Befragten konnte ein Dokument nennen, dass die Menschenrechte weltweit festlegt und regelt. (vgl. Banks 2000, S. 4)

In Deutschland scheint das Wissen über die Menschenrechte nicht bedeutend größer zu sein. Brähler, Sommer und Stellmacher führten im Jahr 2002 und im Jahr 2003 mit Unterstützung des Deutschen Instituts für Menschenrechte eine Untersuchung durch, die im Wesentlichen drei inhaltliche Schwerpunkte umfasste: (1) Wissen über Menschenrechte, (2) Einstellungen zu Menschenrechten und (3) Bereitschaft sich für die

[15] Die vollständigen Ergebnisse der Studie können im Internet (siehe Internetquellenverzeichnis) eingesehen werden.

Menschenrechte einzusetzen. (vgl. Brähler, Sommer, Stellmacher 2005, S. 58) Die Ergebnisse dieser beiden repräsentativen Studien sind alarmierend. Im Folgenden werden einige Hauptergebnisse der beiden Untersuchungen vorgestellt.

Bei der Frage, ob es ein Dokument gäbe, das die Menschenrechte weltweit regelt, wurde die Allgemeine Erklärung der Menschenrechte kaum benannt. Lediglich 4% der Befragten nannte die UNO-Menschenrechtskonvention. Zwar antworteten 50% der Befragten, dass es ein entsprechendes Dokument für die Menschenrechte gäbe, aber wie bereits gezeigt, konnte dieses nur sehr selten namentlich benannt werden. (vgl. ebd.) Anschließend sollten die Befragten alle Menschenrechte nennen, die ihnen spontan einfielen. Auch hier zeigte sich ein Bild des Nichtwissens: 17% waren nicht in der Lage, auch nur ein Menschenrecht zu nennen. Bei den genannten Menschenrechten gab es keine Präferenz für ein bestimmtes Recht. Das bedeutet, dass es kein Menschenrecht gab, welches häufiger genannt wurde als ein anderes. Jedoch war auffällig, dass die meisten der genannten Menschenrechte zu den bürgerlichen Rechten gezählt werden können. (vgl. ebd.) Die Autoren gingen angesichts dieser Ergebnisse davon aus, dass die Wiedergabe von Wissen bei solch einer Befragung durch Konzentrations- bzw. Motivationsdefizite beeinträchtigt worden sein könnte. Deshalb legten sie den Befragten einen Katalog von Menschenrechten vor. Es sollte entschieden werden, ob es sich bei dem vorgelegten Recht um ein Menschenrecht handelte. (vgl. ebd.) Auch hier fällt wieder auf, dass die bürgerlichen Rechte eher erkannt werden als die wirtschaftlichen Rechte, in diesem Bereich zeigten sich erhebliche Mängel. Als Beleg folgt ein kurzer Auszug aus der Studie: „Die Mehrheit der Befragten kann die folgenden wirtschaftlichen Rechte nicht als Menschenrechte identifizieren:

- das Recht auf Schutz vor Arbeitslosigkeit;
- das Recht auf Begrenzung der Arbeitszeit und bezahlten Urlaub;
- das Recht auf Bildung von Gewerkschaften

sowie

- das Recht auf gleichen Lohn für gleiche Arbeit.

‚Schutz vor Arbeitslosigkeit' und ‚Recht auf Begrenzung der Arbeitszeit und bezahlten Urlaub' werden von ca. zwei Dritteln der Befragten explizit als keine Menschenrechte bezeichnet. Somit gibt es in diesem Bereich nicht nur ein fehlendes Wissen;

vielmehr sind die Befragten von ihrem falschen Wissen auch noch weit gehend überzeugt.“ (ebd.)

Interessant sind im Vergleich zu diesen Ergebnissen die Resultate der Studien für den zweiten inhaltlichen Schwerpunkt, die Einstellungen zu Menschenrechten. Hier gab die deutliche Mehrheit (76%) der Befragten an, dass es äußerst wichtig sei, die Menschenrechte in der ganzen Welt zu verwirklichen. (vgl. ebd., S. 59) Im Hinblick auf die Ergebnisse des Schwerpunktes drei, nämlich die Bereitschaft sich aktiv für die Menschenrechte einzusetzen, scheinen diese Ergebnisse sehr interessant. Neben der Bereitschaft sich für die Menschenrechte einzusetzen, wurde auch die tatsächliche Leistung befragt. So konnten die Befragten angeben, ob sie in den letzten fünf Jahren beispielsweise eine Geldspende leisteten, an Mahnwachen oder Unterschriftensammlungen teilnahmen oder ob sie sich in einer Menschenrechtsorganisation engagieren würden. Die Mehrheit der Befragten gab an, sich nicht engagiert zu haben. Wenn jedoch ein Engagement vorlag, teilten sich die Aktivitäten im Wesentlichen auf folgende vier Bereiche auf:

- finanzielle Unterstützung;
- Unterstützung mit dem Unterzeichnen einer Unterschriftenliste;
- Teilnahme an einer Mahnwache, Kundgebung oder Demonstration;
- Engagement innerhalb einer Menschenrechtsorganisation. (vgl. ebd., S. 60)

Die Ergebnisse dieser beiden Studien scheinen ernüchternd. Lediglich ein Bruchteil der Bevölkerung kennt sich innerhalb der Menschenrechte aus und ein noch geringerer Teil der Bevölkerung setzt sich tatsächlich für die Einhaltung der Menschenrechte ein. Aber es muss auch der positive Aspekt betont werden, nämlich dass die überwiegende Mehrheit die Wichtigkeit der Menschenrechte erkannt hat. Es müsste überlegt werden, wie man diese Menschen mobilisieren kann, sich ebenfalls für die Menschenrechte einzusetzen. Diese Frage ist nicht Bestandteil der vorliegenden Arbeit, könnte aber in folgenden Arbeiten aufgegriffen werden.

Auch wenn die empirische Forschung über das Wissen über Menschenrechte in Deutschland noch relativ jung ist, stehen die Ergebnisse von Brähler, Sommer und Stellmacher (2005) nicht allein. Müller und Weyland (2004) haben ähnliche Ergebnisse hervorbringen können. Die befragten Personen mit höherer Schulbildung konnten nur drei bis sieben Menschenrechte spontan nennen. (vgl. Müller, Weyland 2004, S. 278)

Es drängt sich an diesem Punkt die Frage auf, woher das Unwissen der Menschen resultiert und, was noch wichtiger ist, welche Folgen dieses Nicht-Wissen haben kann. Wissen über die Menschenrechte ist für ihre Umsetzung unumgänglich. Wem nützen Menschenrechte, wenn man sie nicht kennt oder nicht versteht? Selbst wenn die Menschenrechte verstanden werden, nützen sie nichts, wenn man nicht bereit ist, sich für sie einzusetzen. (vgl. Fritzsche 2004, S. 165) Die Umsetzung und Entwicklung der Menschenrechte befindet sich noch immer in einem sich stetig weiter entwickelnden Prozess. Vor allem im Bereich der Umsetzung reichen allein juristische Vorgänge nicht, um die Menschenrechte zu sichern. Vielmehr bedarf es des Engagements vieler einzelner Menschen, die sich aktiv für die Menschenrechte einzusetzen. Nur kann man sich nicht für eine Leitidee einsetzen, wenn man sie und ihre Bedeutung nicht kennt. Zur Lösung dieses Paradoxons gibt es nach meiner Meinung nur eine Möglichkeit: Die Faktizität der Menschenrechte muss im Bewusstsein der Menschen verankert werden. Dies muss bereits im Kindes- und Jugendalter beginnen und muss sich über die gesamte Lebensspanne ziehen. Informationen über die Inhalte der Menschenrechte altersgerecht und auf abwechslungsreiche Art und Weise zur Verfügung zu stellen, wird von mir als Lösung dieser Bildungsmisere betrachtet. In diesem Zusammenhang wird von Menschenrechtsbildung gesprochen. Ihr muss ein höherer Stellenwert in der Gesellschaft zukommen, was die bereits dargestellten Ergebnisse der empirischen Untersuchungen bestätigt haben. Bereits in der Präambel der Allgemeinen Erklärung der Menschenrechte wird auf die Bedeutung der Bildung hingewiesen. So heißt es dort, dass „(…) durch Unterricht und Erziehung die Achtung dieser Rechte und Freiheiten zu fördern“ (bpb 1991, S. 33) sind.

3.3 Was ist Menschenrechtsbildung?

3.3.1 Definition

Die Bedeutung und Notwendigkeit einer Menschenrechtsbildung wurde in den letzten Ausführungen ausreichend dargestellt. Um sich im Folgenden mit der Struktur und den Zielen der Menschenrechtsbildung auseinandersetzen zu können, ist eine Klärung des Begriffs „Menschenrechtsbildung“ unumgänglich. Vereinfacht ausgedrückt könnte man sagen, dass Menschenrechtsbildung das Bekanntmachen von Menschenrechten bedeutet. Doch so einfach gestaltet sich die Definition nicht. Menschenrechtsbildung ist aus meiner Sicht ein komplexer Prozess, bei dem nicht die reine Wissensvermittlung im Mittelpunkt stehen darf. Vielmehr sollten die Menschenrechte durch die Menschenrechtsbildung erfahrbar und greifbar gemacht werden. Die Menschenrechte dürfen nicht nur als theoretisches Rechtskonstrukt angesehen werden, sondern sollten vielmehr als Grundlage für ein demokratisches Miteinander begriffen werden.

Eine präzise und zusammenfassende Definition des Begriffs Menschenrechtsbildung liefert Fritzsche (2004): „So wie die Menschenrechte erst einmal historisch ins Bewußtsein der Menschheit gelangen mußten, so müssen die errungenen und kodifizierten Menschenrechte jeweils aufs Neue den Heranwachsenden weltweit zu Bewußtsein gebracht werden. Denn Menschenrechte, die unbekannt oder unverstanden bleiben, die können keine Macht entfalten. Eben dieser Prozeß der Wissensvermittlung und Bewußtseinsentwicklung wird als Menschenrechtsbildung bezeichnet.“ (Fritzsche 2004, S. 165)

Die Zunahme von Menschenrechtsbildung mit entsprechenden Projekten und Konzepten kann dem Engagement der Vereinten Nationen und des Europarats zugeschrieben werden. So wurde beispielsweise das Jahr 2005 durch den Europarat zum Jahr der Demokratieerziehung[16] erklärt. Die Vereinten Nationen riefen von 1995-2004 eine Dekade der Menschenrechtsbildung aus, die 2005 fortgesetzt wurde. (vgl. bpb 2005, S. 9) Auch wächst der Literaturbestand zum Thema deutlich. Immer mehr Autoren setzen sich theoretisch und inhaltlich mit der Bedeutung der Menschenrechtsbildung auseinander. Das UNESCO (United Nations Educational, Scientific and Cultural Organization) Lehrstuhlprojekt wurde 1991 ins Leben gerufen. Ziel ist es hierbei, die Ziele der UNESCO innerhalb der Gesellschaft deutlicher zu repräsentieren. An der Magdeburger Universität gibt es seit 2001 den UNESCO Lehrstuhl für Menschenrechtserziehung. Der in dieser Arbeit bereits zitierte Professor Dr. Karl Peter Fritzsche ist derzeitiger Lehrstuhlinhaber. Deutschlandweit ist dieser Lehrstuhl bisher der erste und einzige zu diesem Themengebiet und somit ein entscheidender

---

[16] Demokratieerziehung, nach der Definition einer gesamteuropäischen Studie über die Politiken der Demokratieerziehung in Westeuropa, „zielt darauf ab, Jugendliche und Erwachsene auf die aktive Mitwirkung in einer demokratischen Gesellschaft vorzubereiten und so die demokratische Kultur zu stärken“. (Kerr 2003, S. 4) Das Gesamtdokument kann im Internet (siehe Internetquellenverzeichnis) eingesehen werden.

Wendepunkt in der Geschichte der Menschenrechtsbildung in Deutschland. Um den Bogen zu meiner Ausgangsfrage zu schließen, nämlich wie sich Menschenrechtsbildung definieren lässt, möchte ich die Bundeszentrale für politische Bildung zitieren. Diese fasst unter dem Begriff Menschenrechtsbildung „(...) Bildungsprogramme und -aktivitäten zur Förderung von Gleichheit und Menschenwürde (...)" zusammen. (ebd., S. 10) Diese Definition spiegelt meiner Auffassung nach den Kern der Menschenrechtsbildung wieder, allerdings wird bei Fritzsche (2004, S. 165) die „Bewußtseinsentwicklung" deutlicher hervorgehoben, was ein nicht zu vernachlässigender Punkt ist. Grundsätzlich bleibt festzuhalten, dass der Begriff „Menschenrechtsbildung" keinen langen Definitionsversuch benötigt. Vielmehr gilt es den Aufbau und die Ziele der Menschenrechtsbildung zu hinterfragen, was in den folgenden Kapiteln vorgenommen wird.

3.3.2 Exkurs: Menschenrechtsbildung und Menschenrechtserziehung

Um Missverständnissen vorzubeugen, möchte ich an dieser Stelle auch den Begriff der Menschenrechtserziehung einbringen. In der Literatur kann man beide Begriffe oftmals synonym vorfinden, es gibt aber jüngst eine deutliche Tendenz, den Begriff der Menschenrechtsbildung zu verwenden. Während 1980 auf der in Hamburg stattfindenden Tagung zum Thema „Die Menschenrechte – eine Herausforderung der Erziehung" eine Verstärkung der Beachtung und Wichtigkeit der Menschenrechtserziehung gefordert wurde (vgl. bpb 1981, S. 11), verwendet Volker Lenhart, einer der führenden Autoren zum Thema Pädagogik der Menschenrechte, ausschließlich den Begriff der Menschenrechtsbildung. Selten findet man eine Begründung, weshalb sich ein Autor für den einen oder anderen Begriff entscheidet. Bei Lenhart (2006) selbst findet sich ein gutes Beispiel dafür, wie synonym die Begriffe verwendet werden: „Vorreiter ist der UNESCO Lehrstuhl für Menschenrechtserziehung an der Universität Magdeburg. Der Lehrstuhlinhaber ist Politologe und Didaktiker der politischen Bildung. Er und seine Mitarbeiter sind in der deutschsprachigen Debatte zur Menschenrechtsbildung gegenwärtig sehr vernehmbar." (Lenhart 2006, S. 234)

Um Verwirrungen zu vermeiden, sollte man einen Begriff auswählen und diesen konsequent benutzen. Ausschlaggebend für die Entscheidung ist die eigene Definition von Bildung und Erziehung. In der Dissertation „Didaktik der Menschenrechte"[17] entscheidet sich Lothar Müller (2000) für den Begriff der Menschenrechtserziehung und liefert eine ausführliche Stellungnahme für seine Entscheidung. Ausgehend von der Betrachtung der Bestimmung der Begriffe Erziehung und Bildung versucht Müller eine Übertragung zu den Zielen der Menschenrechte herzustellen. Im Wesentlichen unterscheidet Müller bei der Begriffsdefinition zwei Dimensionen. Er überlegt, welche Ziele (1. Dimension) im Hinblick auf die einzelne Person (2. Dimension) verfolgt werden. (vgl. Müller, 2000, S. 29) In Abbildung 3 verdeutlicht er diesen Sachverhalt:

	Erziehung	Bildung
Ziele	Unbestimmt	Bestimmt (Mündigkeit, Emanzipation, Kritikfähigkeit, Verantwortung etc.)
Bezug	Kann auf Individuen oder Kollektive (z.B. eine Klasse) bezogen sein	Individuell, auf den einzelnen bezogen

Abbildung 3: Erziehung versus Bildung (Müller 2000, S. 29)

Für Müller ist einer der Hauptgründe für seine Entscheidung, dass er davon ausgeht, dass Erziehung „auf individuelle und gruppenbezogene pädagogische Prozesse bezogen [ist]". (Müller 2000, S. 31) Diese Begründung ist zwar nachvollziehbar, stimmt aber mit meinen Überzeugungen nicht überein. Für mich sind die Begriffe Erziehung und Bildung schwer voneinander trennbar.

Müllers Ausführungen, dass lediglich der Erziehungsbegriff auf eine Klasse bzw. Gruppe bezogen sein kann, kann ich nicht zustimmen. Es wurde bereits ausgeführt, dass die Menschenrechte erfahrbar und greifbar gemacht werden müssen. Bei Müllers Ausführungen fehlt aus meiner Sicht die aktive Rolle des Menschen. Ich schließe mich deshalb der Auffassung von Edmund Huditz an: „Die Entfaltung eines Menschenrechtsbewusstseins muss als Ziel die selbstständige Handlungskompetenz und Handlungsbereitschaft haben. Dies lässt sich mit einem passiven Konzept der ‚Erziehung' schwer erreichen (man wird erzogen). Der Terminus Menschenrechtsbildung

[17] Die Dissertation kann im Internet (siehe Internetquellenverzeichnis) eingesehen werden.

wird dieser Erwartung eher gerecht, da er den am Prozess Beteiligten eine aktive Rolle gibt (man bildet sich).“ (Huditz 1998, S. 109)

In der vorliegenden Arbeit wird ausschließlich der Begriff Menschenrechtsbildung verwendet. Der Exkurs zum Begriff der Menschenrechtserziehung sollte möglichen Verwirrungen vorbeugen, da in Zitaten und Auszügen anderer Autoren dieser Begriff vorkommen wird.

3.4 Struktur und Ziele der Menschenrechtsbildung

„Für eine Praxisbezogene Didaktik empfiehlt es sich, die Kontextvariablen (besonders Zielgruppen, Institutionalisierungsformen) stärker herauszustellen und zwischen Menschenrechtslernen in der Schule, der außerschulischen Jugend- und Erwachsenenbildung, der Professionsausbildung zu unterscheiden.“ (Lenhart 2006, S. 54)

Die vorliegende Arbeit beschäftigt sich vor allem mit der schulischen Menschenrechtsbildung. Wie Lenhart (2006) aber bereits feststellt, darf nicht außer Acht gelassen werden, dass Menschenrechtsbildung auch außerhalb der Schule stattfinden muss. Es gibt beispielsweise Konzepte und Weiterbildungen für Polizisten, Sozialarbeiter, medizinisches Personal und Lehrer. (vgl. Lenhart 2006, S. 115ff) Die ersten drei Gruppen müssen sich besonders häufig mit menschenrechtsrelevanten Themen auseinandersetzen, während die vierte Gruppe, die Lehrer, nicht nur die Auseinandersetzung, sondern auch die Vermittlung bewältigen muss. Die Angebote sind meist auf den individuellen Aufgabenbereich der Berufsgruppen zugeschnitten. Lenhart (2006) untersucht in seinem Buch „Pädagogik der Menschenrechte“ im 6. Kapitel einige dieser Weiterbildungsangebote hinsichtlich ihrer Effizienz und Umsetzbarkeit. Wer sich innerhalb der Erwachsenenpädagogik für die Menschenrechtsbildung interessiert, dem liefert dieses Kapitel einen guten ersten Überblick. Die Angebote für Menschenrechtsbildung in der Erwachsenenbildung können sich von den Konzepten für Schulen unterscheiden. Gründe hierfür sind unter anderem die unterschiedlichen Wissensgrundlagen über Menschenrechte, die die Basis für jede Weiterarbeit liefern. In der Schule müssen diese Grundlagen erst gelegt werden. Kapitel 3.2 hat zwar gezeigt, dass das Wissen vieler Erwachsener hinsichtlich der Menschenrechte gering ist, es hat sich aber in meiner persönlichen Praxis gezeigt, dass bei den meisten Erwachsenen dennoch ein gewisses Vorwissen vorhanden ist. Auch ist durch die Bildungs- und

Ausbildungssituation in Deutschland davon auszugehen, dass bei erwachsenen Menschen ein grundlegendes Verständnis für die Bedeutung der Menschenrechte vorhanden ist. Schüler müssen hierfür erst sensibilisiert werden. Zur Erinnerung: Die Studie von Brähler, Sommer und Stellmacher (2005) zeigte, dass sich eine deutliche Mehrheit der befragten Menschen darüber bewusst war, wie wichtig die Menschenrechte sind.

Mit Sicherheit gibt es noch weitere Gründe für einen unterschiedlichen Aufbau von Menschenrechtsbildung bei Kindern, Jugendlichen und Erwachsenen. Für mich stellen die hier dargelegten Argumente die wichtigsten dar. Die folgenden Ausführungen zur Struktur der Menschenrechtsbildung beziehen sich lediglich auf schulische Konzepte und Veranstaltungen.

Um die Struktur von Menschenrechtsbildung beschreiben zu können, sollte vorerst deutlich gemacht werden, was unter dem Begriff „Struktur“ zu verstehen ist. Synonym können, nach meinem Verständnis, die Begriffe Aufbau oder Gestaltung von Menschenrechtsbildung benutzt werden. Ziel dieses Kapitels ist es demnach, zum einen zu beschreiben, welche Ebenen Menschenrechtsbildung umfassen muss und zum anderen Verständnis dafür zu wecken, dass Menschenrechtsbildung ein komplexer Prozess ist, der nicht aus reiner kognitiver Wissensvermittlung besteht, sondern mehrere Aspekte miteinander verbindet. Das Forum Menschenrechte e.V. (FMR, 2006)[18] hat dies deutlich zum Ausdruck gebracht: „Menschenrechtsbildung in Schulen kann *per definitionem* nicht Gegenstand eines Unterrichtsfaches sein, sondern knüpft an eine Vielzahl von Fächern und deren Bezugswissenschaften an. Darüber hinaus bilden das Lehrer-Schüler-Verhältnis, die Lehr- und Lernformen, Unterrichtsmaterialien oder die Schulorganisation weitere wichtige Faktoren für die Menschenrechtsbildung.“ (FMR 2006, S. 9) Um deutlich machen zu können, auf welcher Grundlage Richtlinien und Empfehlungen für die Menschenrechtsbildung verfasst werden, müssen die Ziele der Menschenrechtsbildung herausgearbeitet werden.

In der Literatur werden von den Autoren verschiedene Zielbestimmungen diskutiert. Diese Übersichten der Ziele ähneln sich untereinander und unterscheiden sich ledig-

---

[18] Das FMR hat ein Dokument veröffentlicht, das Standards der Menschenrechtsbildung zusammenfasst. Dieses Dokument kann im Internet (siehe Internetquellenverzeichnis) eingesehen werden.

lich in der Begriffsverwendung, wie im Folgenden zu sehen sein wird. So beschreibt Müller (2000) in seiner Abhandlung drei Lernziele und stützt sich dabei auf verschiedene Theorien zur Allgemeinen Didaktik. Die drei Ziele werden als kognitive, emotionale und handlungsbezogene Lernziele bezeichnet. (Müller 2000, S. 117) Es wird somit deutlich, dass Menschenrechtsbildung den Menschen als Ganzes ansprechen muss. Das Denken, Fühlen und Handeln muss im Prozess der Bildung involviert sein. Die Frage mit welchen Methoden diese anspruchsvolle Aufgabe gelöst werden kann, wird von vielen Autoren umgangen. Im anschließenden Kapitel 4 soll darauf eingegangen werden.

Sowohl das Forum Menschenrechte e.V. als auch die Bundeszentrale für politische Bildung haben sich auf einen so genannten „Dreiklang der Menschenrechte“ (FMR 2006, S. 29) geeinigt. Dieser wird formuliert als „das Lernen über, durch und für die Menschenrechte“. (ebd.) Diese Ziele wurden das erste Mal durch die Vereinten Nationen formuliert im „Plan of Action – World Programme for Human Rights Education“[19].

Die folgende Abbildung 4 soll diesen Dreiklang nochmals verdeutlichen:

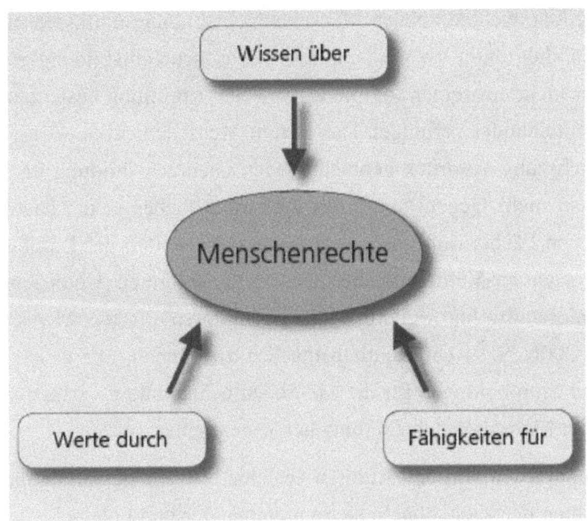

Abbildung 4: Dreiklang der Menschenrechtsbildung (FMR 2006, S. 29)

[19] Das Dokument kann im Internet (siehe Internetquellenverzeichnis) eingesehen werden.

Fritzsche (2004) spricht in seinen Ausführungen nicht vom Dreiklang der Menschenrechtsbildung, sondern von den „drei Imperative[n] der Menschenrechtsbildung:

1. *Kenne und verteidige deine Rechte.*

2. *Anerkenne die gleichen Rechte der Anderen. Verhalte dich im Alltag selber so, dass du die Menschenrechte der anderen anerkennst und nicht verletzt.*

3. *Verteidige nach deinen Kräften auch die Rechte anderer und helfe nach deinen Möglichkeiten Opfern von Menschenrechtsverletzungen.*“ (Fritzsche 2004, S. 169)

Auch bei Lenhart (2006) findet sich diese Formulierung leicht verändert im 4. Kapitel wieder, da er sich in seinen Ausführungen auf Fritzsche stützt.

Vergleicht man die Übersicht von Müller (2000) mit dem Dreiklang der Menschenrechte, so kann das Lernen über Menschenrechte eindeutig den kognitiven Zielen zugeordnet werden. Das Lernen durch die Menschenrechte spricht sowohl die emotionalen als auch die handlungsbezogenen Lernziele an, während das Lernen für die Menschenrechte eher der handlungsbezogenen Ebene zuzusprechen ist. Ein Vergleich des „Dreiklangs der Menschenrechte“ (FMR 2006, S. 29) mit den drei „Imperativen der Menschenrechtsbildung“ (Fritzsche 2004, S. 169) würde ähnlich aussehen.

Es steht außer Frage, dass durch solche Ziele beim Schüler Kompetenzen, also Fähigkeiten und Fertigkeiten, gefördert werden sollen. Die folgende Tabelle 3 zeigt in einer Übersicht Beispiele von grundlegenden Kompetenzen, die durch den Dreiklang beim Schüler ausgebildet werden sollen. Das Handbuch zur Menschenrechtsbildung liefert im ersten Kapitel „Was ist Menschenrechtsbildung?“ (bpb 2005, S. 18f) die Grundlage für diese Übersicht:

Lernen über die Menschenrechte	Lernen durch die Menschenrechte	Lernen für die Menschenrechte
• Instrumente zum Schutz der Menschenrechte kennen • Unterscheidung in politische, bürgerliche, wirtschaftliche und soziale Rechte • Bedeutung der Menschenrechte in Vergangenheit, Gegenwart und Zukunft erkennen	• Sensibilisierung für Werte und Prinzipien der Menschenrechte • Kennen und verstehen von Menschenrechtsverletzungen und Möglichkeiten der Überwindung • Entwickeln von Empathie und Solidarität • Lernen, Verantwortung für das eigene Handeln zu übernehmen	• Lernen im Sinne der Menschenrechte zu handeln • Unterschiedliche Meinungen von Menschen wahrnehmen und die eigene Meinung vertreten • Kooperative Zusammenarbeit erleben • Konstruktive Teilnahme an Gruppengesprächen erfahren

Tabelle 3: Beispiele für Kompetenzen, die durch den Dreiklang ausgebildet werden (vgl. bpb 2005, S. 18f)

Das Forum für Menschenrechte (2006) hat den Kompetenzbegriff ebenfalls aufgenommen und dem Dreiklang drei Kompetenzbereiche zugeordnet und spricht in diesem Zusammenhang von „Urteilsfähigkeit, Handlungsfähigkeit und methodische[n] Fähigkeiten“. (FMR 2006, S. 27)

Die Urteilsfähigkeit wird dabei untergliedert in Sach- und Werturteile. Erstere zielen auf das Wissen über Menschenrechte ab. Die Entstehung und Entwicklung dieser steht im Mittelpunkt sowie die Gründe und das Ausmaß von Menschenrechtsverletzungen. Die Kategorie Werturteile fasst das Lernen durch die Menschenrechte zusammen. Damit ist gemeint, dass jeder Einzelne weiß, wie Menschenrechte in seiner Umgebung umgesetzt und wahrgenommen werden. Die Handlungsfähigkeit zielt auf das Lernen für die Menschenrechte ab. Gemeint ist hierbei, dass sich die Verwirklichung von Menschenrechten im Alltag durchsetzt und sich somit im eigenen Handeln widerspiegelt. Die methodischen Fähigkeiten umfassen die Befähigung, sich eigenständig mit menschenrechtspolitischen Fragen auseinanderzusetzen und diese zu bewerten. Natürlich können diese Kompetenzbereiche nicht nacheinander absolviert werden, vielmehr müssen sie nebeneinander stattfinden und sich wechselseitig bedingen. (vgl. FMR 2006, S. 28f)

Nach dieser ausführlichen Analyse zu den Zielen von Menschenrechtsbildung soll abschließend der so genannte „Beutelsbacher Konsens" kurz erwähnt werden. Die Menschenrechtsbildung ist Teil der politischen Bildung. 1976 wurde auf einer Fachtagung der Landeszentrale für politische Bildung Baden-Württemberg der Beutelsbacher Konsens formuliert. In ihm heißt es, dass es verboten ist, Schüler mit Meinungen und Einstellungen zu überrumpeln – das ist das so genannte Überwältigungsverbot. (vgl. Wehling 1977, S. 179) Hier darf keine Ausnahme gemacht werden. Der Schüler muss in der Lage sein, die eigene Meinung zu analysieren und vortragen zu können. (vgl. Sander 2005, S. 18) Die Schule als Lernort muss dem Schüler Orientierung, Kritikfähigkeit und Engagement vermitteln können. Hier kann die besondere Rolle der Menschenrechtsbildung hervorgehoben werden. Gerade innerhalb dieses Themengebiets ist es unabdingbar, dass der Schüler seine Ansichten eigenständig vertreten und verteidigen darf. Diese Meinung darf dabei nicht, gemäß dem Beutelsbacher Konsens, durch „Überrumpelung" durch einen Lehrer zustande kommen. Im Weiteren gibt der Beutelsbacher Konsens vor: „Was in Politik und Öffentlichkeit kontrovers diskutiert wird, muss auch in der Schule kontrovers diskutiert werden." (Wehling 1977, S. 179) Auch hier findet sich die Forderung nach der freien Meinungsbildung der Schüler wieder. Dieser Grundsatz muss gerade innerhalb der Menschenrechtsbildung gelten. Dass dies manchmal schwierig sein kann, möchte ich an einem Beispiel, welches ich selbst erlebt habe, aufzeigen[20]:

> In einer 12. Klasse wurde zum Thema Todesstrafe diskutiert. Viele Schüler waren sich einig, dass die Todesstrafe nicht mit den geltenden Gesetzen in Einklang zu bringen und deshalb abzulehnen sei. Andere Schüler argumentierten allerdings, dass ein Mörder seine Menschenwürde verloren habe und deshalb grausam hingerichtet werden müsse, schließlich müsse auch er leiden.

Auch wenn die Auffassung der Schüler, welche für die Todesstrafe argumentieren und für eine möglichst grausame Hinrichtung plädieren, gegen die Menschenrechte verstößt, die ohne Einschränkung gelten, muss die Meinung akzeptiert und innerhalb der Klasse zur Diskussion gestellt werden. Natürlich bedeutet das, dass sich der Men-

---

[20] Die beschriebene Szene fand in einer 12. Klasse eines Leipziger Gymnasiums statt.

schenrechtsbildner zurückhalten muss, was schwer sein kann. Aber nur auf dieser Basis kann Menschenrechtsbildung funktionieren.

Zusammenfassend lässt sich nach diesem Abschnitt sagen, dass die Menschenrechtsbildung vielen Ansprüchen genügen muss. Es sollte verdeutlicht werden, dass „das Lernen über, durch und für die Menschenrechte" (FMR 2006, S. 29) als Grundsatz innerhalb der Menschenrechtsbildung gilt und die Grundgedanken des Beutelsbacher Konsens den äußeren Rahmen hierfür darstellen. Alle Überlegungen zum Aufbau und Inhalt der Menschenrechtsbildung sollten diesen Grundsätzen folgen. Was es konkret bedeutet, wenn eine Disziplin vielen unterschiedlichen Ansprüchen genügen muss, wird im folgenden Abschnitt dargestellt.

3.5 Konsequenzen und Schlussfolgerungen für die Pädagogik

Menschenrechte erfahr- und greifbar zu machen, ist das Hauptanliegen der Menschenrechtsbildung. Die folgende Abbildung 5 zeigt einen möglichen Lernzirkel, der den Ablauf von Menschenrechtsbildung deutlich machen soll:

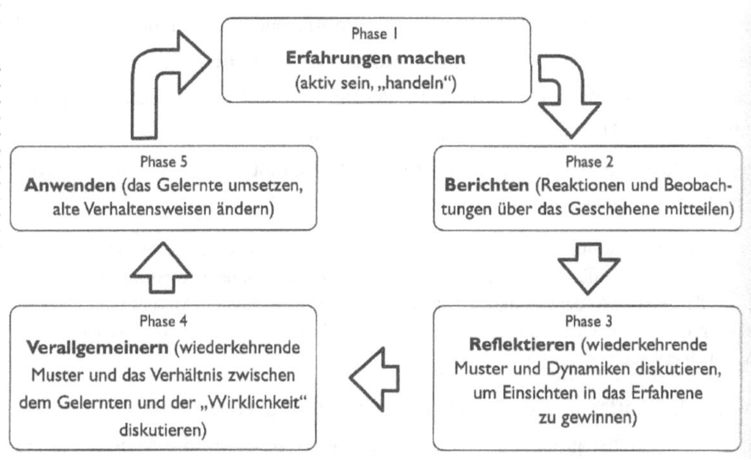

Abbildung 5: Lernzirkel in 5 Phasen (bpb 2005, S. 38)

Die Schüler sollen durch aktive Teilnahme dazu befähigt werden, ihre eigenen Handlungen zu reflektieren und zu bewerten, um anschließend weitere Aktivitäten planen zu können. „Eine Übung [in der Schule] wird nicht einfach nur ‚gemacht' (Phase 1 des Lernzirkels). Sie muss vollständig durchgeführt werden, samt Nachbesprechung und Auswertung, damit die Teilnehmenden das Geschehene reflektieren (Phase 2), ihre Erfahrung bewerten (Phase 3 und 4) und schließlich entscheiden können, was als Nächstes zu tun ist (Phase 5). Damit treten sie dann wieder in Phase 1 des nächsten Zirkels im Lernprozess ein.“ (bpb 2005, S. 38)

Damit dieser beschriebene Lernzirkel Einzug in die Klassenzimmer halten kann, müssen bestimmte Voraussetzungen gegeben sein. Es steht außer Frage, dass ein starres und strikten Regeln folgendes Lernen diesen Lernzirkel nicht begünstigt, sondern eher behindert. Ebenso wenig ist das Bild eines Lehrers förderlich, der seiner Klasse Wissen präsentiert und erwartet, dass die Schüler dies diskussionslos akzeptieren.

Ebenso wichtig ist es, dem Schüler schwer greifbare Begriffe deutlich zu machen. Ein gutes Beispiel ist hierbei der Begriff der Menschenwürde. Durch meine Erfahrungen in Leipziger Schulen kann ich sagen, dass für viele Schüler die Menschenwürde, auch noch in der 12. Klasse, nur schwer zu beschreiben ist. Leider glauben die Schüler oftmals, dass die Menschenwürde etwas ist, was man durchaus verwirken kann, beispielsweise durch einen Mord oder Misshandlung von Schutzbefohlenen.

Den Schülern ist die Dimension des Artikels 1 der Allgemeinen Erklärung der Menschenrechte – „Alle Menschen sind frei und gleich an Würde und Rechten geboren“ (bpb 1991, S. 34) – nicht bewusst. Dies ist ein deutliches Zeichen dafür, dass in diesem Zusammenhang zu wenig in den Schulen getan wird. Menschenwürde kann man nicht nur durch eine Definition an der Tafel begreifen, vielmehr muss sie sichtbar gemacht werden, beispielsweise durch die Methode „Stimmungsbarometer“, die im Kapitel 4 genauer beschrieben und diskutiert wird. Im Jahr 2002 erließ die Kultusministerkonferenz eine Empfehlung für den Unterricht der Menschenrechte[21], darin heißt es: „Menschenrechtserziehung kann sich nicht auf die Vermittlung von Wissen beschränken. Sie muss die emotionale und handelnde Komponente einbeziehen. Schülerinnen und Schüler müssen die Achtung des Mitmenschen im täglichen Umgang in der Schule erleben und üben.“ (KMK 2002, S. 5)

Der letzte wichtige Punkt, den ich in diesem Zusammenhang ansprechen möchte, ist die Tatsache, dass vor allem bei jüngeren Schülern darauf geachtet werden muss,

---

21 Dieses Dokument kann im Internet (siehe Internetquellenverzeichnis) eingesehen werden.

dass durch die Lehre von den Menschenrechten keine Ängste entstehen. Damit ist gemeint, dass Schüler oder Schülerinnen, die scherzhaft einen Mitschüler stoßen, nicht gleich eine schwerwiegende Menschenrechtsverletzung begehen. Schülern muss deutlich gemacht werden, wann Handeln einer Menschenrechtsverletzung entspricht. Das bedeutet nicht, dass die Schüler, die ihren Mitschüler stoßen, dies ohne Folgen tun dürfen. Auch sie haben gegen die Menschenrechte verstoßen, nur muss den Schülern gezeigt werden, dass dieses Verhalten nicht mit den Menschenrechtsverletzungen, die beispielsweise Kindersoldaten in Sri Lanka (*amnesty international* 2007, S. 402) oder dem Kongo (ebd., S. 243) erdulden müssen, zu vergleichen ist.

3.6 Zusammenfassung

Das vorliegende Kapitel 3 sollte die Frage „Wie sieht die Sachstruktur von Menschenrechtsbildung aus?“ beantworten. Es konnte gezeigt werden, dass das Wissen über die Menschenrechte keinesfalls eine Selbstverständlichkeit darstellt, sondern dass auf diesem Gebiet großer Nachholbedarf besteht. Innerhalb des Abschnitts 3.4 „Struktur der Menschenrechtsbildung“ wurde dargelegt, welchem theoretischen Rahmen die Konzeption von Menschenrechtsbildung folgen muss. Dabei wurde der Grundsatz „das Lernen über, durch und für die Menschenrechte“ (FMR 2006, S. 29) in den Mittelpunkt der Betrachtungen gestellt. Von ihm sollten alle weiteren Überlegungen ausgehen.

Das sich anschließende Kapitel 4 versucht eine Synthese von Kapitel 2 und 3 zu schaffen. Hier soll eine Möglichkeit, den Unterricht zum Thema Todesstrafe zu gestalten, besprochen und diskutiert werden. Leider kann im Rahmen dieser Arbeit nur eine Auswahl an geeigneten Arbeitsformen für den Unterricht der Menschenrechte vorgestellt werden. Deshalb sei an dieser Stelle noch der Hinweis auf den in diesem Kapitel oft zitierten Kompass, also das Handbuch zur Menschenrechtsbildung, gegeben. Dieses liefert eine Fülle von Übungen für den Unterricht. Jede Übung kann einem oder mehreren Themenkomplexen zugeordnet werden. Außerdem kann der Lehrende anhand der Einordnung der Übung in eine Komplexitätsstufe erkennen, wie aufwendig und zeitintensiv eine Übung ist. Neben einer ausführlichen Anleitung lassen sich auch Hinweise für die Nachbesprechung finden. Das Buch ist ein lohnendes Nachschlagewerk für alle Menschenrechtsbildner.

„Die Bildung muß auf die volle
Entfaltung der menschlichen Persönlichkeit
und auf die Stärkung der Achtung
vor den Menschenrechten und Grundfreiheiten
gerichtet sein (...).“ (Artikel 26 der AEdMR, bpb 1991, S. 39)

4. Offene Arbeitsformen als methodisches Leitziel innerhalb der Menschenrechtsbildung

4.1 Bedeutung von offenen Arbeitsformen innerhalb der Menschenrechtsbildung

Artikel 26 der Allgemeinen Erklärung der Menschenrechte zeigt auf, dass ein wesentliches Ziel von Bildung die „Stärkung der Achtung vor den Menschenrechten“ (bpb 1991, S. 39) sein muss. Das folgende Kapitel wird sich mit der Frage auseinandersetzen, wie die Menschenrechtsbildung konkret im Unterricht aussehen kann. Dabei werden einige theoretische Überlegungen den ersten Teil des Kapitels einnehmen. Um eine Brücke von der Theorie zur Praxis schlagen zu können, wird der zweite Teil des Kapitels die Gestaltung einer Unterrichtseinheit zum Thema „Gemeinsam gegen die Todesstrafe“ beschreiben.

Die Menschenrechtsbildung in Schulen ist äußerst interessant zu betrachten, da sie sich mit verschiedenen Problemen auseinandersetzen muss. Oberstes Ziel einer jeden Menschenrechtsbildung ist die Vermittlung des Begriffs Menschenwürde. Diesem Begriff liegt ein abstraktes Begriffsverständnis zu Grunde, weshalb es schwierig sein kann, Schülern diesen Begriff zu erklären. In Kapitel 3.5 wurde bereits darauf hingewiesen. Ein konkretes Beispiel, wie Menschenwürde zum Unterrichtsgegenstand gemacht werden kann, wird noch in diesem Kapitel gegeben werden.

Aus der Schwierigkeit Menschenwürde verständlich machen zu können, ergibt sich ein weiteres Dilemma. Im Mittelpunkt der Menschenrechtsbildung steht immer der Mensch. Im Schulunterricht „bedeutet das, dass Menschen (Lehrpersonen) gemeinsam mit Menschen (Schülerinnen und Schüler) über die Würde des Menschen und damit immer auch zu sich selbst arbeiten“. (Müller 2000, S. 407) Daraus resultieren mehrere Schlussfolgerungen:

(1) Innerhalb der Menschenrechtsbildung machen sich Lehrer und Schüler selbst zum Unterrichtsgegenstand. Das setzt eine gemeinschaftliche Basis mit Vertrauen, Anerkennung und Verständnis voraus.

(2) Die Menschenrechte bilden die Grundlage für eine demokratische Gesellschaft und gelten für alle Menschen, demzufolge auch für die Schüler und Lehrer, die sich mit Menschenrechtsbildung auseinandersetzen und sich damit selbst zum Unterrichtsgegenstand machen. Dadurch ist es nicht möglich, die Menschenrechte als reine Wissensbausteine zu vermitteln. Es ist dann davon auszugehen, „dass die Menschenrechte für die Schülerinnen und Schüler abstrakt und ohne Selbstbezug bleiben“. (ebd.)

(3) Damit dieser Selbstbezug hergestellt werden kann, ist es empfehlenswert, offene Arbeitsformen in den Unterricht zu integrieren, damit die eigene Empfindung und Handlungsbereitschaft angeregt werden kann. (vgl. ebd.)

Das folgende Bild veranschaulicht sehr schön die Balance von Menschenrechtsbildung mit dem Menschen als Subjekt und Objekt zugleich:

Abbildung 6: Der Mensch als Subjekt und Objekt (Müller 2000, S. 407)

Zurück zur Ausgangsfrage: Warum ist es wichtig, dass innerhalb der Menschenrechtsbildung offene Arbeitsformen verwendet werden? Um diese Frage beantworten zu können, möchte ich die Ziele von Menschenrechtsbildung nach der Definition von *amnesty international* aufgreifen. Es wurde zwar bereits in Kapitel 3.4 ausführlich zu den Zielformulierungen von Menschenrechtsbildung unterschiedlicher Autoren, Organisationen und Vereinen gesprochen, es erscheint mir allerdings sinnvoll, die Ziele von *amnesty international* zu erwähnen, um aus ihnen die Art der Vermittlung von Menschenrechten im Unterricht abzuleiten. Durch meinen persönlichen Bezug zu der Menschenrechtsorganisation *amnesty international* möchte ich diese Zieldefinition vorstellen und mich in diesem Kapitel auf diese eine Sichtweise beschränken. Grundlage für die folgenden Betrachtungen ist ein intern durch *amnesty international* veröffentlichtes Grundsatzpapier zur Menschenrechtsbildung, welches im Literaturverzeichnis unter dem Stichpunkt „unveröffentlichte Literatur" aufgeführt wird.

Nach den Grundsätzen von *amnesty international* muss die Bedeutung der Menschenrechte in das Bewusstsein der Menschen gelangen, denn nur dann kann die Idee der Menschenrechte umgesetzt werden. Nur durch eine entsprechende Wertschätzung der Menschenrechte, die dadurch zu einem Leitprinzip des eigenen Lebens werden, kann der Mensch für seine eigene Würde und die seiner Mitmenschen sensibilisiert werden. Entsprechend dieses Grundsatzes muss die Menschenrechtsbildung, nach Auffassung von *amnesty international*, drei Elemente in sich vereinen:

(1) Die Vermittlung von kognitivem Wissen

(2) Herausbildung eines Problembewusstseins

(3) Anregung zum selbstständigen Handeln (vgl. *amnesty international*, S. 4)

Müller[22] (2000) veranschaulicht innerhalb seiner Dissertation diese drei Bausteine wie folgt:

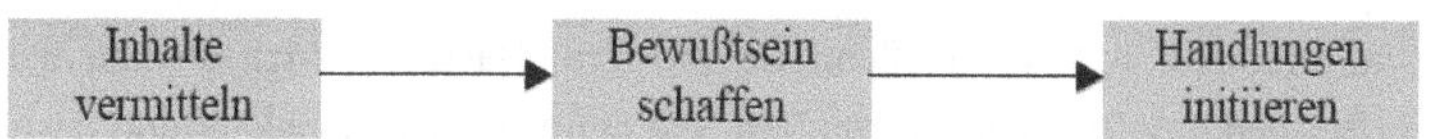

Abbildung 7: Ziele der Menschenrechtsbildung nach *amnesty international* (Müller 2000, S. 116)

Es ist offensichtlich, dass die genannten Ziele von Menschenrechtsbildung einer umfangreichen Vermittlung bedürfen. Schafft es ein Lehrer nicht, den Schülern die Fak-

---

[22] Lothar Müller ist ebenfalls ein aktives Mitglied von *amnesty international*.

tizität der Menschenrechte deutlich zu machen, kann keine Verbindung zur Alltagswelt der Schüler aufgebaut werden und infolgedessen kein Denkprozess beim Schüler einsetzen. Müller (2000, S. 116) beschreibt dies in seiner Übersicht mit dem Terminus „Bewußtsein schaffen". Es ist einleuchtend, dass ohne ein entsprechendes Bewusstsein beim Schüler die Wahrscheinlichkeit, dass sich dieser Schüler aktiv für die Menschenrechte einsetzt, sinkt. Unterricht muss demnach so geplant werden, dass der Schüler sich Wissen und Inhalte selbst erschließen kann und dadurch zu eigenen Erkenntnissen gelangt. *amnesty international* formuliert als einen Grundsatz der Menschenrechtsbildung, dass handlungsorientierter Unterricht die Basis für eine gelungene Menschenrechtsbildung darstellt. Dies wird wie folgt definiert: „Handlungsorientierter Unterricht heißt, dass die SchülerInnen im Zentrum stehen, sich selbstständig mit dem Problem auseinandersetzen und somit ganzheitlich lernen." (*amnesty international*, S. 4) Es folgt in den Grundsätzen weiterhin der Hinweis, dass auf Frontalunterricht zu verzichten sei. (vgl. ebd.) Hier ist aber aus meiner Sicht Vorsicht geboten. Die erste Stufe der Menschenrechtsbildung, die Vermittlung von kognitivem Wissen, ist Voraussetzung für alle weiteren Stufen. Der Schüler braucht ein grundlagenorientiertes Wissen, mit dem er selbstständig arbeiten und somit zu eigenen Erkenntnissen gelangen kann. Natürlich kann solches Wissen auch durch offene Arbeitsformen vermittelt werden, es steht aber außer Frage, dass auch ein Vortrag des Lehrers eine Wissensbasis beim Schüler schaffen kann. Ich glaube, dass *amnesty international* durch die Formulierung ihres Grundsatzes lediglich betonen möchte, dass Menschenrechtsbildung ein Prozess ist, der nicht frontal unterrichtet werden darf. Ich möchte diesen Grundsatz etwas einschränken, denn eine Wissensgrundlage kann durchaus mit einem Vortrag des Lehrers geschaffen werden, nur darf es dabei nicht bleiben. Danach sollte die eigentliche Menschenrechtsbildung erst beginnen.

amnesty international hat abschließend für die Grundsätze der Menschenrechtsbildung eine Empfehlung für Lehrer formuliert, die den Kern widerspiegelt und deshalb hier wiedergegeben wird:

> „Es ist daher zu empfehlen, die Lösung von Aufgaben in Gruppenarbeit zu fördern und daneben viel Raum für Diskussion zu bieten. Dies ermöglicht zum einen die eigenständige Meinungsbildung, gewährt aber zum anderen auch ein gewisses ‚Training' im Umgang mit den MitschülerInnen und der Auseinandersetzung mit deren Einstellungen und Bedürfnissen." (ebd.)

An dieser Stelle möchte ich noch einmal auf den Auszug der Kultusministerkonferenz aus dem Jahr 2002 verweisen: „Menschenrechtserziehung kann sich nicht auf die Vermittlung von Wissen beschränken. Sie muss die emotionale und handelnde Komponente einbeziehen. Schülerinnen und Schüler müssen die Achtung des Mitmenschen im täglichen Umgang in der Schule erleben und üben." (KMK 2002, S. 5) Hier wird der durch *amnesty international* formulierte Grundsatz nochmals deutlich. Auch wenn sich die Formulierungen unterscheiden, bleibt die Kernaussage gleich: Menschenrechtsbildung muss den Schüler in vielfältiger Form ansprechen und ihm die Möglichkeit geben, sich selbst auszuprobieren. Das offene Arbeitsformen dabei ein ideales Mittel darstellen, ist offensichtlich. Um diese Aussage abermals zu unterstützen, wird an dieser Stelle ein Auszug aus dem „Grundsatzerlaß zum Unterrichtsprinzip" (S. 3) aus Österreich wiedergegeben: „Für das Unterrichtsprinzip Politische Bildung ist die Vorstellung maßgebend, daß Lernen auf Erfahrung und Einsicht beruht und Erkennen und Wissen in Beziehung zu einer möglichen Aktivität stehen. (...) Erzieherischer Grundsatz muß es sein, daß bei Stellungnahmen und Wertungen stets auch abweichende Meinungen aufgezeigt werden im Hinblick darauf, daß in der Demokratie auch verschiedene Wertvorstellungen und Meinungen nebeneinander bestehen können (...)."[23] Im ersten Teil des Auszugs lassen sich die Ziele von Menschenrechtsbildung, ähnlich wie sie *amnesty international* formuliert hat, wiederfinden. Die „mögliche Aktivität" steht auch hier an letzter und somit höchster Stelle der Menschenrechtsbildung. Sehr schön ist auch der explizite Hinweis, dass verschiedene Meinungen angehört werden müssen, da es sich dabei schließlich um ein Grundprinzip einer demokratischen Gesellschaft handelt.

Interessant ist, dass bei den genannten Auszügen die emotionale Komponente eine große Rolle spielt. Im folgenden Abschnitt werde ich eine empirische Studie vorstellen, die Bestandteil der Dissertation des bereits zitierten Lothar Müllers (2000) ist. Ziel der Untersuchung war es u.a. herauszufinden, wie und in welcher Form Lehrer Menschenrechtsbildung im Unterricht umsetzen. Ein interessantes Ergebnis dabei war, dass vielen Lehrern die Bedeutung der emotionalen Komponente nicht bewusst war. (vgl. Müller 2000, S. 438) Müller bezeichnet dies als „blinden Fleck der Menschenrechtserziehung". (ebd.)

---

[23] Der Grundsatzerlass aus Österreich kann im Internet (siehe Internetquellenverzeichnis) eingesehen werden.

4.2 Empirische Untersuchung zur Didaktik der Menschenrechtsbildung – Lothar Müller (2000) „Didaktik der Menschenrechte“

Lothar Müller (2000) hat innerhalb seiner Dissertation eine umfassende empirische Analyse über die Wirkung und Ausbreitung von Menschenrechtsbildung in Deutschland durchgeführt. Ziel der Untersuchungen sollte sein, neben einer Beschreibung der aktuellen Situation von Menschenrechtsbildung in Deutschland, Ideen, Ansätze und Anregungen aus der Praxis der Menschenrechtsbildung zu sammeln und zu hinterfragen. (vgl. Müller, S. 128)

Müller hat dabei fünf Untersuchungsschwerpunkte festgelegt, die unter anderem durch einen Vergleich von UNESCO-Projektschulen und Nicht-UNESCO-Schulen analysiert wurden. Die fünf Bereiche umfassen dabei die Schule mit ihrem spezifischen Aufbau und ihrer charakteristischen Struktur, die Rolle des Lehrers, Ansichten von Schülern, spezifische Inhalte von Menschenrechtsbildung und schließlich die Frage, wie Menschenrechtsbildung in der Schule umgesetzt wird. (vgl. Müller 2000, S. 210)

Die vielfältigen Ergebnisse können im Rahmen dieser Arbeit nicht im Detail wiedergegeben werden. Es werden lediglich einige für die vorliegende Arbeit interessante Fragestellungen der Dissertation vorgestellt. Diese Fragestellungen werden aus den Bereichen „Rolle des Lehrers“ und „Wie wird Menschenrechtsbildung umgesetzt“ entnommen.

Das erste für diese Studie relevante Ergebnis von Müller (2000) ist die Zusammenfassung der Antworten der befragten Lehrer auf die Frage, was unter Menschenrechtsbildung zu verstehen sei. (vgl. ebd., S. 286) Es wurden 144 Lehrer aufgefordert „ihr Verständnis von Menschenrechtserziehung offen zu erläutern“. (ebd.) Dabei wird der Lehrperson ein vorstrukturiertes Antwortschema vorgegeben, dass nach Müller (2000, S. 287) folgende Dimensionen umfasst:

(1) Ziele von Menschenrechtsbildung

Der Lehrer wird aufgefordert, innerhalb dieses Bereiches zu beschreiben, welchen Zielen sein Unterricht der Menschenrechte unterliegt.

(2) Inhaltliche Schwerpunkte von Menschenrechtsbildung

Unter diesem Punkt soll erfasst werden, welche inhaltlichen Schwerpunkte innerhalb der Menschenrechtsbildung gesetzt werden.

(3) Umsetzung von Menschenrechtsbildung

Hierbei wird erfragt, wie der Unterricht der Menschenrechte konkret aussieht. Es wird um die Beschreibung von einzelnen Unterrichtsabläufen gebeten.

Nach der inhaltlichen Auswertung der Antworten konnte Müller (2000) feststellen, dass Lehrer ein vielschichtiges Verständnis von Menschenrechtsbildung haben. (vgl. ebd., S. 289)

Als Ziel von Menschenrechtsbildung wurde von 53 Lehrpersonen angegeben, dass die Herausbildung von tolerantem Verhalten und die Entwicklung von Sozialkompetenz als bedeutendste Ziele zu betrachten sind. (vgl. ebd., S. 287) Gefolgt werden diese von den kognitiven Zielen, nämlich Wissen und Inhalt vermitteln (46 Nennungen). Empathie und Einfühlungsvermögen fördern werden erstaunlicherweise lediglich von zwölf Lehrpersonen genannt. (vgl. ebd., S. 288) Es wurde bereits darauf hingewiesen, dass Müller (2000) diesen Umstand als „blinden Fleck der Menschenrechtserziehung" (ebd., S. 438) beschreibt.

Innerhalb der inhaltlichen Schwerpunktsetzung wurden vor allem aktuelle Konflikte und die Themen Todesstrafe und Folter genannt. (ebd., S. 305) Interessanter sind die Ergebnisse hinsichtlich der Frage, wie Menschenrechtsbildung umgesetzt wird. Um diese Frage beantworten zu können, wurden verschiedene Verfahren entwickelt. Zum Beispiel wurden Arbeitsformen vorgegeben und die Lehrperson sollte diese hinsichtlich ihrer Effektivität beurteilen. (vgl. ebd., S. 391) Die folgende Übersicht wurde aus der Dissertation von Müller (2000, S. 392) entnommen und gibt die vorgegebenen Arbeitsformen und die Einschätzung der Lehrer hinsichtlich ihrer Effektivität wieder.

"Welche der folgenden Methoden haben sich ihrer Erfahrung nach als besonders effektiv erwiesen?"	Nennungen (n_{ges}=144)					
	stimmt gar nicht (1)	stimmt eher nicht (2)	stimmt eher (3)	stimmt genau (4)	Keine eigene Erfahrung	Mittelwert
Projekttage / -wochen	1	11	37	71	9	3,48
Frontalunterricht	25	60	26	7	5	2,13
Diskussionen	-	7	72	48	1	3,32
Rollenspiele, Planspiele, Simulationen	4	24	44	38	16	3,05
Handlungsorientierter Unterricht	-	12	56	51	8	3,33
Schulkooperationen	11	25	31	27	29	2,79
Selbsttätigkeit	5	23	49	37	13	3,04
Künstlerisches / Gestalterisches Arbeiten	4	18	49	34	21	3,08
Unterrichtsgespräch	-	12	66	45	3	3,27
Arbeit mit Schulbüchern	17	52	37	5	12	2,27
Gemeinsame Aktionen	3	8	54	57	6	3,35
Fächerübergreifender Unterricht	4	16	54	38	15	3,13
Arbeit mit Filmen	4	24	55	33	12	3,01
Arbeit mit literarischen Quellen	9	31	53	21	14	2,75
Einbezug externer Experten /-innen	7	15	37	48	20	3,18

Abbildung 8: Methoden Menschenrechtserziehung: Bewertung Lehrpersonen (Müller 2000, S. 392)

Es ist deutlich zu erkennen, dass der Stellenwert von Projektwochen und -tagen besonders hoch eingeschätzt wird. Da aber im Rahmen dieser Arbeit lediglich eine Unterrichtseinheit von 90 Minuten betrachtet wird, muss dieses Ergebnis als Hinweis betrachtet werden und kann nicht weiter untersucht werden.

Meiner Auffassung nach sind die oben dargestellten Ergebnisse von Müller (2000) mit Vorsicht zu betrachten, da einige der genannten Arbeitsformen nicht deutlich genug von anderen unterschieden werden können. So kann der Übergang von einer Diskussion zu einem Unterrichtsgespräch fließend sein, auch könnten die Punkte Selbsttätigkeit und Rollenspiel sehr nah beieinander liegen. Dadurch kann es sein, dass die Lehrer unterschiedliche Arbeitsformen angekreuzt haben, aber eigentlich gleiche Konzepte meinten. Deshalb denke ich, dass die Ergebnisse von Müller (2000) lediglich einen Eindruck bzw. eine Tendenz vermitteln. Dennoch ist die Anzahl der Nennungen im Bereich der Rollenspiele und des Einbezugs von externen Experten interessant. Zwar geben 38 Lehrpersonen an, dass sie die Effektivität von Rollen- und Planspielen als hoch einschätzen, demgegenüber stehen aber immerhin 16 Lehrkräfte, die keinerlei Erfahrung mit ebensolchen Arbeitsformen haben. Erschreckend sind die Zahlen über die Einbeziehung von externen Experten. Zwar geben 48 Lehrer an, dass sie es als effektiv betrachten, wenn Experten ihren Unterricht zu bestimmten Themen mitgestalten, andererseits meinen 22 Lehrpersonen, dass die Effektivität gering bzw. eher nicht vorhanden ist. An dieser Stelle wäre es interessant gewesen zu erfragen, weshalb diese Lehrer zu dieser Einschätzung gelangen. Da es sich aber bei der Untersuchung von Müller (2000) um eine Fragebogenanalyse handelt, konnte diese Frage nicht gestellt werden.

Frontalunterricht und die Arbeit mit Schulbüchern wurde insgesamt betrachtet als am wenigsten effektiv eingeschätzt. Paradoxerweise sind dies aber genau die in der Schule am häufigsten anzutreffenden Arbeitsformen. (vgl. ebd., S. 394) In einer Untersuchung an Berliner Haupt- und Gesamtschulen stellten Roeder und Sang im Jahr 1991 fest, dass lediglich in elf Stunden (3,6%) innerhalb von 307 untersuchten 45 Minuten Schulstunden in Gruppenarbeit gearbeitet wurde. (Roeder, Sang 1991, S. 161, zit. nach Wellenreuther 2008) Das bedeutet, dass die Lehrer Arbeitsformen, die aus empirischer Sicht am häufigsten im Schulalltag anzutreffen sind, als die ineffektivsten innerhalb der Menschenrechtsbildung beschreiben.

Müller (2000) hat die Lehrkräfte ebenfalls gefragt, welche Arbeitsformen im Unterricht der Menschenrechte nicht empfohlen werden können. Leider haben darauf nur sehr wenige geantwortet. Fünf Lehrer gaben an, dass Menschenrechte nicht durch Klausuren oder Klassenarbeiten abgefragt werden dürfen. Vier Lehrpersonen rieten von Frontalunterricht innerhalb der Menschenrechtsbildung explizit ab, während ebenfalls vier Personen auf die möglicherweise auch schwierige Umsetzung von Projekten hinwiesen. (vgl. Müller 2000, S. 397)

4.3 Eine Schulstunde gegen die Todesstrafe

Im weiteren Verlauf wird ein Konzept für Mittelschulen und Gymnasien für die Klassen 10 bis 12 zum Thema Todesstrafe vorgestellt. Dieses Konzept wurde von der Leipziger *amnesty-international*-Gruppe entwickelt. An der Weiterentwicklung war ich unmittelbar beteiligt. Das Konzept gegen die Todesstrafe ist durch die Zusammenarbeit von mehreren *amnesty-international*-Mitgliedern entstanden. In einigen intern veröffentlichten Papieren zur Menschenrechtsbildung tauchen Elemente der im Folgenden beschriebenen Unterrichtseinheit wieder auf. An diesen Veröffentlichungen hat die lokale *amnesty-international*-Gruppe aktiv mitgearbeitet.

Wie bereits beschrieben, wird die Unterrichtseinheit „Gemeinsam gegen die Todesstrafe“ sowohl in Mittelschulen als auch in Gymnasien angeboten. Für die Umsetzung des Konzepts werden 90 Unterrichtsminuten, also zwei Schulstunden, benötigt. Da es sinnvoll ist, das 90 Minuten dauernde Konzept ohne Pause durchzuführen, wird im Folgenden immer von einer Schulstunde gesprochen.

Zu beachten ist, dass erst ab Klasse 10 dieses menschenrechtspolitische Thema behandelt wird. Dieser Entscheidung liegen mehrer Motive zugrunde:

(1) Schüler ab der 10. Klasse haben bereits ein Grundverständnis für Menschenrechte. Diese sind bekannt und waren bereits mehrfach Unterrichtsgegenstand.

(2) Der Unterricht zu einem menschenrechtspolitischen Thema sollte immer an der Lebenswirklichkeit der Schüler orientiert sein. Vorausgesetzt, dass die Lebenswirklichkeit eines Zehntklässlers sich von der eines Fünftklässlers unterscheidet, kann davon ausgegangen werden, dass der ältere Schüler bereits mit menschenrechtspolitischen Themen und Problematiken (beispielsweise durch Nachrichten) konfrontiert wurde.[24]

---

[24] Wie schwierig es sein kann, einen eigenen Standpunkt zu bilden, zeigt ein aktuelles Beispiel aus Leipzig: Im August 2008 wurde dort ein kleines Mädchen entführt und umgebracht. Es dauerte nicht lange und innerhalb der Stadt fanden sich Plakate, die die Einführung der Todesstrafe for-

(3) Das Verständnis für die Universalität der Menschenrechte ist in diesen Klassenstufen deutlich höher als in den Klassenstufen 1 bis 8. In Anlehnung an die Stufen des moralischen Urteils nach Kohlberg[25] argumentiert Lenhart (2006), dass „der Begriff der Menschenwürde (…) ein hoch abstraktes philosophisches Konzept [ist], das Kindern, die auf den Kohlbergschen Stufen 1 und 2 urteilen, allenfalls als Vokabel, aber nicht in seinem Gehalt verständlich ist." (Lenhart 2006, S. 106)

Im Übrigen wird ab Klasse 10 in unterschiedlichen Fächern die Todesstrafe durch den Lehrplan des Fachs Ethik thematisiert, weshalb Lehrer nur sehr selten Anfragen für Schulstunden mit diesem Inhalt in unteren Klassen stellen. Allerdings teilte mir eine Lehrerin vor ungefähr einem Jahr mit, dass der Lehrplan sich dahingehend verändert habe, dass das Thema „Auseinandersetzen mit dem Tod" bereits in der neunten Klasse intensiv aufgegriffen wird.[26] Deshalb wurde die Schuleinheit „Gemeinsam gegen die Todesstrafe" auch bereits in neunten Klassen durchgeführt, mit unterschiedlichen Erfolgen und Erfahrungen[27].

---

derten. Auch wenn diese Plakate nicht lange hingen, reichten sie aus, um erneut eine Diskussion darüber zu entfachen, ob die Todesstrafe in Deutschland wieder eingeführt werden sollte.

25 Kohlberg entwickelte auf der Grundlage von Piagets Arbeiten zum moralischen Urteilen ein sechsstufiges Modell der moralischen Entwicklung. Kohlberg vermutete, dass sich diese Stufen mit dem Alter entwickeln.

Niveau I:	Stufe 1: Bestrafungsorientierung
	Stufe 2: Belohnungsorientierung
Niveau II:	Stufe 3: Braves Kind Orientierung (Missbilligung will vermieden werden)
	Stufe 4: Autoritätsorientierung (Autoritäten, wie z. B. Gesetze und soziale Regeln)
Niveau III:	Stufe 5: Orientierung am sozialen Vertrag
	Stufe 6: Orientierung an ethischen Prinzipien

(vgl. Atkinson 2001, S. 88)

26 Im Lehrplan für das Fach Ethik in Klassenstufe 9 heißt der 4. Lernbereich „Reflexionen über den Tod" (S. 23).

27 Das Konzept „Gemeinsam gegen die Todesstrafe" wird auch in dieser Klassenstufe ähnlich der hier aufgeführten Beschreibung durchgeführt, es wird lediglich mehr Zeit für Rückfragen und Erklärungen von Fachbegriffen eingeplant.

Damit eine bessere Übersichtlichkeit gewährleistet werden kann, wird im Folgenden die Unterrichtseinheit gegen die Todesstrafe in drei Abschnitten beschrieben:

1. Abschnitt: Das Stimmungsbarometer
2. Abschnitt: Ein Quiz gegen die Todesstrafe
3. Abschnitt: Ein Rollenspiel für und gegen die Todesstrafe

Die Abschnitte entsprechen dabei einer Anfangs- bzw. Einstiegssequenz (1. Abschnitt), einem Mittelteil (2. Abschnitt) und dem Schluss (3. Abschnitt) einer Schuleinheit.

Ziel der Schulstunde gegen die Todesstrafe ist es, den Schülern gesicherte Fakten über die weltweite Situation der Todesstrafe zu vermitteln, eine Diskussion über die rechtlichen und moralischen Argumente für bzw. gegen die Todesstrafe anzuregen, für die Bedeutung des Rechts auf Leben zu sensibilisieren sowie auf Handlungsmöglichkeiten für Schüler aufmerksam zu machen. Rückblickend auf Kapitel 3 finden sich an dieser Stelle die Lernziele für die Menschenrechtsbildung, die Müller (2000, S. 117) formuliert. Die folgende Tabelle 4 ordnet den Lernzielen die eben genannten Ziele zu.

Kognitive Lernziele	**Emotionale Lernziele**	**Handlungsbezogene Lernziele**
Gesicherte Fakten über den derzeitigen weltweiten Stand zur Ausübung der Todesstrafe	Diskussionen anregen	Eigeninitiative der Schüler fördern
	Sensibilisierung für das Recht auf Leben	

Tabelle 4: Lernziele der Menschenrechtsbildung und der Unterrichtseinheit gegen die Todesstrafe

4.3.1 Das Stimmungsbarometer

Zu Beginn jeder Schulstunde, die ich zum Thema Menschenrechte durchführe, bestehe ich auf die Anordnung eines Stuhlkreises im Klassenraum. Dafür ist es in den meisten Fällen nötig, alle Tische umzuräumen, in sehr seltenen Fällen sind die Tische fest montiert. Nach meiner Erfahrung finden es vor allem jüngere Klassen (bis Klassenstufe 7) spannend, im Stuhlkreis sitzen zu können, höhere Klassenstufen versuchen oft, sich dem Stuhlkreis zu widersetzen und drücken offen ihren Unmut dagegen aus. An dieser Stelle ist es besonders wichtig zu erklären, weshalb auf dem Stuhlkreis bestanden wird. Zum einen bietet er die Möglichkeit, dass sich alle Schüler ansehen können, wodurch eine optimale Grundlage geschaffen wird, um miteinander ins Gespräch zu kommen. Zum anderen wird somit auch eine räumliche Distanz zum üblichen Schulunterricht geschaffen.

Nachdem diese Sitzordnung geschaffen ist, stelle ich mich als Vertreterin von *amnesty international* vor und erkläre kurz, weshalb ich eingeladen wurde. Mir persönlich ist es an dieser Stelle immer besonders wichtig zu betonen, dass ich mich lediglich als Referentin gegen die Todesstrafe betrachte. Meine Position und Meinung ist dadurch klar, was aber nicht bedeutet, dass ich alle Schüler von dieser Position unbedingt überzeugen möchte. Mein Ziel ist es lediglich neue Blickwinkel und Ansichten aufzuzeigen und zum Nachdenken anzuregen.

Nach dieser persönlichen Vorstellung werden die Schüler gefragt, was sie bisher über *amnesty international* gehört haben. Dafür sollen alle ihren Namen nennen und die Frage nach *amnesty international* anschließend beantworten. Natürlich kann ich mir die Namen der Schüler nicht alle merken, aber ich habe durch meine vielen Besuche in unterschiedlichen Klassen festgestellt, dass es den Schülern leichter fällt etwas mitzuteilen, wenn sie zu Beginn etwas sagen müssen, bei dem sie nichts Falsches sagen können. Außerdem hat auf diesem Weg bereits jeder Schüler etwas gesagt und somit zum Unterrichtsgeschehen beigetragen. Durch diese Vorgehensweise werden auch jene Schüler motiviert etwas zum Thema zu sagen, die sich sonst wahrscheinlich eher zurückgehalten hätten.

Nachdem dieser Teil der Schulstunde, der auch allgemein als Einstiegssequenz angesehen werden kann, beendet wurde, folgt ein Inputreferat über die Entstehungsgeschichte und die aktuelle Arbeit von *amnesty international.* Dieses Referat kann dabei von Klasse zu Klasse variieren. Innerhalb der Vorstellungsrunde der Schüler tauchen manchmal bereits Fragen nach *amnesty international* auf, die von mir sofort beantwortet werden. Außerdem verfügen die Schüler oftmals über ein gutes Vorwissen über die Menschenrechtsorganisation. Dieses Wissen kann ich mir innerhalb meines Inputreferats zu Nutze machen, in dem ich darauf verweise oder Rückschlüsse ziehe. Deshalb existieren für den Vortrag lediglich Stichpunkte, die auf jeden Fall in der

Unterrichtseinheit genannt werden sollten – wie und an welcher Stelle des Referats dies geschieht, kann der Referent vor Ort entscheiden.

Diese beiden ersten Teile umfassen in der Regel 15 Minuten. Damit die Schüler sich langsam mit dem Thema vertraut machen können, werden sie im Folgenden gebeten aufzustehen. Im Raum befinden sich jetzt zwei Pole. Ein Pol steht für die Aussage „Stimmt" während der Gegenpol, platziert in einer anderen Ecke des Klassenzimmers, die Aussage „Stimmt nicht" trägt. Die Schüler werden gebeten, sich Aussagen, die durch mich vorgelesen werden, anzuhören und wirken zu lassen. Dann sollen sie entscheiden, ob die Aussagen aus ihrer Sicht stimmen (Pol Eins) oder nicht stimmen (Pol Zwei). Wenn sie sich für eine Seite entschieden haben, sollen sie sich an dem entsprechenden Pol positionieren. Die Aussagen die vorgelesen werden, lauten:

- Die Gesellschaft muss sich vor Gewaltverbrechern schützen.
- Jemand, der ein Kind missbraucht und tötet, hat keine Menschenwürde.
- Mörder sollen eine Chance auf Wiedereingliederung in die Gesellschaft bekommen.
- Die Todesstrafe ist eine gerechte Strafe.
- Lebenslange Haft ist eine angemessene Strafe für einen Mörder.
- Die Todesstrafe ist in jedem Fall abzulehnen.
- Die Todesstrafe hat eine abschreckende Wirkung.
- Jeder Mensch hat das Recht auf Leben.

Natürlich kann es auch passieren, dass sich Schüler nicht entscheiden können, wo sie stehen möchten. In diesem Fall haben sie die Möglichkeit, sich in die Mitte des Raumes zu stellen, oder sie zeigen lediglich eine Tendenz an.

Da ich als Referentin die Aussagen vorlesen muss, bitte ich immer die Lehrer, sich besondere Auffälligkeiten zu notieren, damit in der abschließenden Diskussion darauf eingegangen werden kann. Es ist für mich immer sehr interessant zu beobachten, wie sich die Schüler beim Positionieren verhalten. Bei Aussage Eins „Die Gesellschaft muss sich vor Gewaltverbrechern schützen" sind sich die Schüler fast immer einig und stehen auf der „Stimmt"-Seite im Klassenraum. Bei den folgenden Aussagen verteilt sich die Schülerzahl meist unterschiedlich auf die beiden Pole, wobei ich beobachten konnte, dass sehr viele Schüler davon ausgehen, dass Mörder keine Menschenwürde mehr besitzen und die Todesstrafe eine gerechte Strafe ist. Interessant ist immer die letzte Aussage, das Recht auf Leben. Hier merken die Schüler, dass sie sich eigentlich auf die „Stimmt"-Seite stellen wollen, dies aber womöglich im Widerspruch zu ihrer vorhergehenden Positionierung steht.

Nachdem sich alle Schüler wieder auf ihren Platz gesetzt haben, erkläre ich ihnen, welchen Sinn dieses Stimmungsbarometer hat. Es soll natürlich eine Einführung in das Thema darstellen, aber es soll auch aufzeigen, dass es ein schwieriges Thema sein kann, bei dem, umgangssprachlich ausgedrückt, kein Schwarz-Weiß-Denken möglich ist, sondern viele Graubereiche entstehen können. Vor allem die Frage, ob ein Mörder Menschenwürde besitzt, führt in vielen Klassen zu heftigen Diskussionen. Es hat sich in meiner Praxis als sinnvoll erwiesen, dass ich die Aussagen, die innerhalb des Stimmungsbarometers vorgelesen wurden, noch einmal für alle Schüler sichtbar an die Tafel oder Wand bringe. Menschenwürde kann man zwar theoretisch versuchen zu definieren, aber dies kommt nur selten bei den Schülern an. Wenn die Schüler die Aussagen nochmals gelesen haben, kann man ihnen zeigen, wie sich die Klasse zu den einzelnen Passagen positioniert hat. Dies ist eine sehr sensible Phase. Als Referentin muss ich einschätzen können, ob an diesem Punkt die Klasse darüber sprechen möchte, oder ob die Schüler lieber allein darüber nachdenken möchten. Es ist sinnvoll, innerhalb der folgenden Arbeitsphasen immer wieder auf das Thema Menschenwürde zurück zu führen, damit die Schüler die Möglichkeit haben, sich langsam mit dem Begriff der Menschenwürde und den Dimensionen, die dieser umfasst, auseinandersetzen zu können.

4.3.2 Ein Quiz gegen die Todesstrafe

Nachdem sich die Schüler innerhalb des Stimmungsbarometers bewegen konnten, werden sie im Folgenden gebeten, einen Stift zu nehmen und ein Quiz zur Todesstrafe auszufüllen. Zur besseren Veranschaulichung wurde das Quiz in diese Arbeit aufgenommen. Um zu zeigen, wie schwierig es sein kann, ein solches Quiz zu beantworten, möchte ich die Leserinnen und Leser bitten das unten stehende Quiz auszufüllen und erst danach weiter zu lesen. Die folgenden sechs Fragen entsprechen den Fragen, die die Schüler beantworten sollen. Im Anhang befindet sich die Auflösung.

1.) Welches Land hat als erstes auf Dauer die Todesstrafe abgeschafft?

O Finnland O Venezuela

O Belgien O Bundesrepublik Deutschland

O Ecuador O Vatikanstadt

2.) Gegenwärtig wird in wie vielen Staaten der Welt die Todesstrafe nicht mehr angewendet?

O über ¼ aller Staaten

O über ½ aller Staaten

O über ¾ aller Staaten

3.) Wie viel Prozent der Weltbevölkerung lebt in Staaten ohne Todesstrafe?

O ca. 15% O ca. 25% O ca. 50%

4.) Welches ist das einzige Land Europas, in dem die Todesstrafe noch praktiziert, d.h. vollstreckt, wird?

O Griechenland O Türkei

O Weißrussland O Estland

5.) In welchem Land finden jedes Jahr die meisten Hinrichtungen statt?

O China O Iran O USA

6.) Für welche Verbrechen und Vergehen kann irgendwo auf der Welt die Todesstrafe verhängt werden?

O Mord O wiederholter Diebstahl

O Vergewaltigung O Hexerei

O Zigarettenschmuggel O Ehebruch

O Fahrraddiebstahl O Betrug

Es ist wichtig, dass den Schüler vor dem Ausfüllen gesagt wird, dass sie nach ihrer persönlichen Einschätzung das Quiz lösen sollen. Sie dürfen Vermutungen anstellen.

Die Auflösung des Quiz erfolgt mit den Schülern zusammen. Sie äußern ihre Vermutungen und ich stimme zu oder korrigiere. Dadurch habe ich die Möglichkeit zu den einzelnen Fragen zusätzliches Hintergrundwissen zu vermitteln. Allerdings werden die Schüler aktiv einbezogen. So können sich viele Schüler nicht vorstellen, weshalb die Todesstrafe in über 50% der Weltländer abgeschafft wurde, aber dennoch nur 25% der Weltbevölkerung in einem Land ohne die Todesstrafe leben. Diese Frage gebe ich immer an die Schüler zurück und meistens gelangen sie selbstständig zur richtigen Antwort, spätestens nachdem sie Frage fünf beantwortet haben und ihnen bewusst geworden ist, dass China zu den bevölkerungsreichsten Ländern der Erde zählt. Interessant ist in jeder Klasse die Auflösung von Frage sechs. Erstaunen und Unverständnis wechseln sich dann bei den Schülern ab. Konkrete Länderbeispiele runden diese letzte Frage schließlich ab.

Nach der Quizauswertung wird den Schülern ein sechsminütiger Filmausschnitt gezeigt. Es handelt sich dabei um eine Reportage über einen Mann, der in den Vereinigten Staaten von Amerika einen anderen Mann umgebracht hat und deshalb zum Tode verurteilt wurde. Sein letzter Weg wurde von einem Kamerateam begleitet. Interessant ist dieser Filmausschnitt, weil er verschiedene Menschen zu Wort kommen lässt. Angefangen bei einem Richter, der seine Urteile verteidigt, über den Gefängnisdirektor, der gleichzeitig Arzt ist und die Vollstreckung überwachen muss und somit gegen den Hippokratischen Eid verstößt. Natürlich wird auch der zum Tode verurteilte Mann interviewt.

Den Schülern soll dieser Ausschnitt den Ablauf von der Verurteilung eines Straftäters bis zur Vollstreckung des Urteils innerhalb der Vereinigten Staaten von Amerika aufzeigen.

4.3.3 Ein Rollenspiel für und gegen die Todesstrafe

Das folgende Rollenspiel hat unter anderem das Ziel, dass die Schüler sich in andere Positionen und Meinungen hineinversetzen können, ohne dass sie selbst dieser Überzeugung sind. Auf diesem Hintergrund wird den Schülern erklärt, dass sie sich vorstellen sollen, dass sie in einem Land X leben. In diesem Land gibt es die Todesstrafe und der Regierung wurde ein Antrag zur Abschaffung der Todesstrafe vorgelegt. Es haben sich zwei Parteien gebildet: Partei A möchte, dass die Todesstrafe beibehalten wird, während die Opposition, Partei B, dagegen ist. Damit eine Jury eine Entscheidung treffen kann, werden beide Parteien beauftragt, Argumente für ihre Position zu sammeln. Diese werden anschließend der Jury vorgetragen, damit diese schließlich eine Entscheidung verkünden kann.

Im Schulkontext bedeutet das, dass mindestens drei Gruppen gebildet werden müssen:

Gruppe 1	Gruppe 2	Gruppe 3
Diese Gruppe hat die Aufgabe, Argumente für die Todesstrafe zusammenzutragen. Diese Position entspricht Partei A.	Diese Gruppe hat die Aufgabe Argumente, gegen die Todesstrafe zusammenzutragen. Diese Position entspricht Partei B.	Diese Gruppe ist die Jury, was der anspruchvollsten Aufgabe entspricht. Sie muss sich überlegen, welche Argumente die beiden Parteien vorbringen könnten, und wie sie diese bewerten.

Tabelle 5: Aufteilung der Gruppen

Da im Normalfall eine Schulklasse aus 20 bis 25 Schülern besteht, werden die Gruppen eins und zwei zusätzlich aufgeteilt. Das bedeutet, dass es schließlich zwei Gruppen gibt, die Argumente für die Todesstrafe aufschreiben. Diesen stehen zwei Gruppen gegenüber, die Argumente gegen die Todesstrafe sammeln. Welcher Schüler in welcher Gruppe ist, wird durch das Los bestimmt. Dafür müssen alle Schüler aus einem Beutel einen Papierschnipsel ziehen, auf dem steht, welcher Gruppe sie angehören. Durch diese Zuteilung wird vermieden, dass eine Partei zu stark besetzt wird oder dass einige Schüler ausgeschlossen werden.

Nach einer fünfzehnminütigen Arbeitszeit dürfen sich die Gruppen der gleichen Parteien untereinander austauschen. Außerdem müssen sie einen Referenten bestimmen, der die gesammelten Argumente schließlich vorträgt. Dadurch wird vermieden, dass zwei Gruppen nacheinander gleiche oder ähnliche Argumente vorbringen, wodurch Langeweile und sogar Frustration bei der Gruppe entstehen kann, deren Argumente bereits vollständig genannt wurden.

Nach der Arbeits- und Austauschphase werden alle Argumente an der Tafel gesammelt. Die Jury darf sich beraten und muss anschließend ihre Entscheidung mit einer Begründung verkünden. Ich weise dann darauf hin, dass das Rollenspiel mit der Entscheidung der Jury vorbei ist und jeder seine zugewiesene Rolle verlassen darf und seine eigene Meinung zum Thema äußern kann.

Für den Fall, dass in dieser Abschlussdiskussion die Schüler zurückhaltend sind und nichts sagen möchten, kann ich auf die Argumente, die während des Rollenspiels gesammelt wurden und noch an der Tafel stehen, zurückgreifen und fragen, wie die Schüler die einzelnen Argumente betrachten. Außerdem besteht für mich die Möglichkeit, auf das Stimmungsbarometer vom Beginn der Stunde zurückzukommen und zu fragen, was den Schülern dabei aufgefallen oder bewusst geworden ist.

In jedem Fall halte ich mich als Referentin innerhalb dieser Diskussion zurück. Dadurch möchte ich verhindern, dass sich Schüler nicht äußern, weil sie meinen, ich würde ihre Argumente widerlegen. Daraus folgt ebenso, dass ich als Referentin alle Argumente, die die Schüler hervorbringen, akzeptiere. Dabei spielt es keine Rolle, ob die Schüler gerade für oder gegen die Todesstrafe argumentiert haben. Ich bin davon überzeugt, dass sich Schüler eher aus einer Diskussion zurücknehmen, wenn ihre Ansichten und Meinungen als gegenstandslos entkräftet werden. Ich gebe lediglich Impulse und stelle kurze Rückfragen, wenn die Diskussion ins Stocken gerät. Ich betrachte mich an diesem Punkt als Beobachterin und finde es spannend, wenn die Schüler bestimmte Argumente aufnehmen und schließlich selbst widerlegen.

Als Abschluss der Schulstunde bedanke ich mich immer bei den Schülern, dass sie sich auf ein solch schwieriges Thema eingelassen haben, und gebe den Hinweis, dass ich nach der Stunde noch im Raum bleibe, für den Fall, dass ein Schüler Nachfragen hat, diese aber nicht vor der gesamten Klasse stellen möchte. Dieses Angebot wird auch oft in Anspruch genommen.

4.4 Zusammenfassung

Kapitel 4 hatte die Aufgabe zu zeigen, dass innerhalb der Menschenrechtsbildung eine offene Arbeitsweise im Unterricht gegeben sein sollte. Nach einer ausführlichen Analyse der Ziele von Menschenrechtsbildung, in Anlehnung an die Menschenrechtsorganisation *amnesty international*, konnte deutlich gemacht werden, wie wichtig eine aktive Unterrichtsgestaltung innerhalb der Menschenrechtsbildung ist. Anschließend wurde in Auszügen die empirische Untersuchung von Lothar Müller (2000) – Didaktik der Menschenrechtsbildung – vorgestellt. Interessant dabei war, dass Lehrer Frontalunterricht im Unterricht der Menschenrechte als wenig effektiv betrachten, zugleich aber diese Unterrichtsform am häufigsten in Schulen anzutreffen ist. Auf jeden Fall sollte das Untersuchungsergebnis, dass Projektunterricht von Lehrern als besonders effektiv im Unterricht der Menschenrechte angesehen wird, als Hinweis verstanden werden.

Der zweite Teil des 4. Kapitels hat ein konkretes Beispiel, wie Menschenrechtsbildung im Unterricht gestaltet werden kann, vorgestellt. Der Leser sollte dabei in die Lage versetzt werden, sich vorstellen zu können, wie die Unterrichtseinheit „Gemeinsam gegen die Todesstrafe" gestaltet werden kann. Nach der Beschreibung der Einstiegssequenz und des Stimmungsbarometers wurde der Leser aufgefordert, das Quiz zur Todesstrafe selbst auszufüllen. Die Auflösung befindet sich im Anhang. Schließlich wurde die umfangreiche Kleingruppenarbeit beschrieben und erläutert, wie die Schüler in der Abschlussdiskussion dazu ermutigt werden, ihre Meinung zu äußern.

5. Empirische Untersuchung

5.1 Forschungsinteresse

An dieser Stelle erscheint es mir sinnvoll, die eingangs vorgestellten Leitfragen, die innerhalb dieser Studie beantwortet werden sollen, nochmals vorzustellen:

(1) Was wird unter dem Begriff offene Arbeitsformen verstanden?

(2) Wie sieht die Sachstruktur von Menschenrechtsbildung aus?

(3) Welche Faktoren wirken hemmend bzw. förderlich hinsichtlich der Verwendung von offenen Arbeitsformen?

(4) Welche Lernerfahrungen werden durch offene Arbeitsformen erlebt?

Die Fragen eins und zwei konnten bereits durch eine theoretische Abhandlung in den Kapiteln 2 bis 4 ausführlich beantwortet werden. Der folgende Teil der Arbeit wird sich dementsprechend mit den Fragen drei und vier auseinandersetzen.

Frage drei wird dabei sowohl aus der Sicht der Lehrenden als auch aus meiner Sicht heraus beantwortet. Frage vier hingegen umfasst mehrere Ebenen: Ziel ist es hierbei herauszufinden, welche Lernerfahrungen die Lehrenden machen, wenn sie sich mit offenen Arbeitsformen auseinandersetzen. Zudem sollen die Schüler dadurch berücksichtigt werden, dass die Lehrer ihre Lernerfahrungen einschätzen. Abschließend werden auch meine persönlichen Lernerfahrungen herausgestellt.

Im weiteren Verlauf der Arbeit wird ausführlich dokumentiert, nach welchen Ansätzen und Verfahren die gerade vorgestellten Fragen drei und vier beantwortet wurden.

5.2 Vorgehensweise

Qualitatives Arbeiten bildet die Grundlage für diese Arbeit. Generell wird innerhalb der empirischen Sozialforschung zwischen den Forschungsrichtungen qualitativ und quantitativ unterschieden. Das Erkenntnisinteresse von quantitativer Forschung ist darauf gerichtet „objektiv beobachtbare Phänomene als Wirkungen bestimmter Ursachen zu erfassen, [und] auf dieser Grundlage möglichst weitgehend verallgemeinerbare Aussagen über Kausalbeziehungen (...) zu gewinnen, die für die Erklärung neuer Beobachtungen herangezogen werden können und dabei immer wieder neu auf ihre Gültigkeit überprüft werden". (Schaub, Zenke 2007, S. 521) Daraus resultiert bereits, dass eine möglichst große Stichprobe erhoben werden muss. In der Regel wird innerhalb der quantitativen Forschung mit vollstandardisierten und strukturierten Methoden gearbeitet, was bedeutet, dass jeder Proband kongruente Fragen zu beantworten hat oder nahezu gleichen Situationen ausgesetzt wird. Dadurch entstehen gleichartige Bedingungen für die Messwerte. (vgl. ebd.)

Der qualitative Forschungsansatz ist hingegen weniger festgelegt und somit offener für das Forschungsgeschehen. Qualitative Sozialforschung „untersucht die Deutungs- und Handlungsmuster von Menschen in ihren verschiedenen Lebenszusammenhängen. Sie geht davon aus, dass in der lebendigen Auseinandersetzung der Subjekte mit ihrer Umwelt Wirklichkeit als Gegenstand der Sozialforschung überhaupt erst entsteht." (vgl. ebd., S. 520)

Ziel qualitativer Forschung ist es demnach, die tatsächliche Realität durch die subjektive Sicht der Probanden abzubilden. Dadurch sollen Zusammenhänge erkannt, beschrieben und verstanden werden. (vgl. Lamnek 2005, S. 32) Die Flexibilität der qualitativen Forschung und ihre Offenheit, die neue und unbekannte Sachverhalte hervorbringen kann, können zu den wesentlichsten Merkmalen der qualitativen Sozialforschung gezählt werden. Die Offenheit dieser Forschungsmethode wird u.a. dadurch gestützt, dass der Teilnehmer oftmals die Möglichkeit hat, den Schwerpunkt seiner Erzählung selbst zu bestimmen. (vgl. ebd., S. 25) Demgegenüber steht der wesentlichste Vorteil der quantitativen Forschung: Sie ermöglicht es eine große Stichprobe zu untersuchen, um dabei zu repräsentativen Ergebnissen zu gelangen. Zudem können statistische Zusammenhänge ermittelt werden. Schließlich sind der Zeitaufwand und die Kosten, im Vergleich zu qualitativen Methoden, meist geringer. (vgl. Oswald 1997, S. 71)

Aus den Vorteilen der genannten Forschungsrichtungen lassen sich jeweils die Nachteile ableiten. So handelt es sich bei quantitativen Methoden um unpersönliche und allgemeine Untersuchungsmethoden. Der Zeit- und Kostenaufwand hingegen ist einer der wesentlichsten Nachteile innerhalb der qualitativen Forschung. Außerdem ist die Auswertung im Vergleich zu quantitativen Verfahren deutlich aufwendiger. (vgl. Lamnek 2005, S. 3)

Trotz dieser genannten Nachteile habe ich mich dafür entschieden, innerhalb der vorliegenden Arbeit mit qualitativen Methoden zu arbeiten. Dies hat mehrere Gründe:

- Ein wesentliches Ziel dieser Arbeit ist das Herausfinden von Verbesserungsvorschlägen für den Unterricht mit offenen Arbeitsformen. Hierfür eignen sich qualitative Methoden wie beispielsweise das hier angewandte problemzentrierte Interview am besten.
- Die offene Form der Befragung ermöglicht es nach Hintergründen und Unverständlichkeiten zu fragen.
- Eine kritische und ausführliche Auseinandersetzung mit dem Thema wird durch qualitatives Arbeiten bestärkt.
- Die individuellen Meinungen, Ansichten und Hinweise der Lehrer und der Autorin stehen im Mittelpunkt dieser Arbeit, weshalb nur ein qualitatives Vorgehen in Frage kommen konnte. Lamnek (2005) formuliert diesen Sachverhalt wie folgt: „Für die qualitative Sozialforschung ist der Mensch nicht nur ein Untersuchungsobjekt, sondern auch ein erkennendes Subjekt." (Lamnek 2005, S. 32)

Nachdem die Entscheidung für die qualitative Forschungsrichtung getroffen wurde, konnte ich mich mit verschiedenen Forschungsdesigns und Techniken zur Informationsgewinnung auseinandersetzen. Dabei muss hervorgehoben werden, dass eine Unterscheidung von Untersuchungsplan (Mayring 2002, S. 40), der auch als Forschungsdesign bezeichnet werden kann, und Untersuchungsverfahren Voraussetzung ist. Das Forschungsdesign stellt den äußeren Rahmen einer wissenschaftlichen Arbeit dar und gibt somit einen Untersuchungsablauf vor. (vgl. ebd.) Im Gegensatz dazu stehen „die konkreten Untersuchungsverfahren (...), also die Methoden der Datenerhebung, Datenaufbereitung und Auswertung". (ebd.) Professor Philip Mayring (2002) kritisiert in seiner „Einführung in die Qualitative Sozialforschung" im 3. Kapitel sehr deutlich, dass viele Autoren diese deutliche Unterscheidung von Forschungsdesign und Untersuchungsverfahren nicht vornehmen „was dann oft zu einem Durcheinander von Methoden führt". (ebd.)

Im Mittelpunkt der vorliegenden Analysen stehen die Meinungen der Lehrenden und meine eigenen Beobachtungen im Unterricht. Wesentlichstes Ziel dabei ist, konkrete Ergebnisse im Hinblick auf die Verwendung von offenen Arbeitsformen im Unterricht zu erhalten und daraus resultierend Hinweise für ihre Anwendung im Schulunterricht abzuleiten. In diesem Zusammenhang bildet das Konzept der Handlungsforschung als Forschungsdesign die theoretische Grundlage für diese Studie. Mayring (2002, S. 51) formuliert drei wesentliche Ziele der Handlungsforschung, die im Folgenden wiedergegeben werden:

- direktes Ansetzen an konkreten sozialen Problemen
- praxisverändernde Umsetzung der Ergebnisse im Forschungsprozess
- gleichberechtigter Diskurs Forscher – Betroffene

Im Zusammenhang dieser Arbeit bedeutet das:

- Arbeiten und Unterrichten in offenen Arbeitsformen im Unterricht
- Hinweise zur Verbesserung der Anwendung offener Arbeitsformen im Unterricht herausarbeiten
- Verbesserungsvorschläge resultieren aus den Interviews mit den Lehrerinnen und den eigenen Forschungstagebuchaufzeichnungen

Im Folgenden möchte ich skizzieren, wie ich meine Daten erhalten habe. Die untenstehende Übersicht vermittelt einen Überblick zum Ablauf meiner Untersuchung.

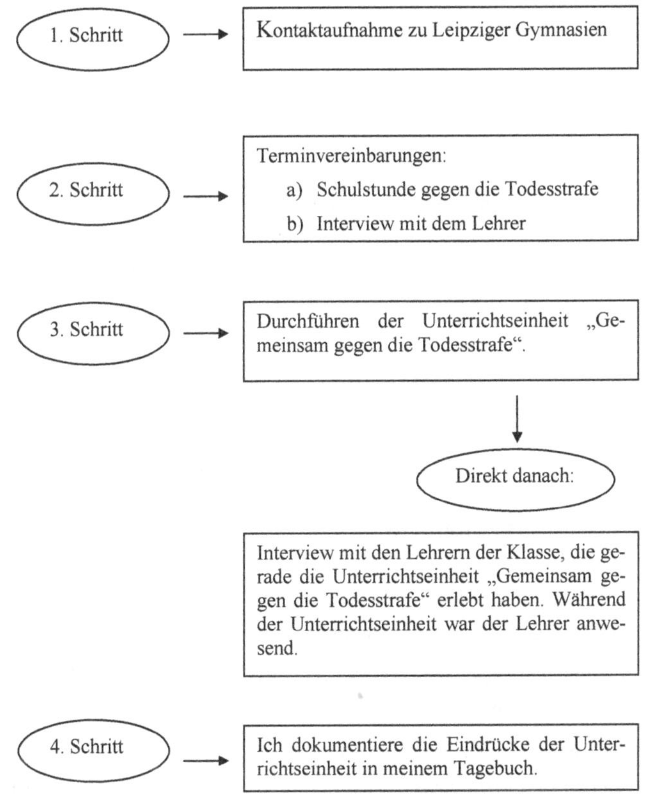

Wie eben bereits erwähnt wurde, habe ich mich für das Durchführen von Interviews, genauer von problemzentrierten Interviews, mit Lehrenden von Gymnasien und für das Einbeziehen eigener Forschungstagebucheinträge als Untersuchungsverfahren entschieden. Der Kontakt zu den Lehrenden wurde durch mich hergestellt. Ich schrieb an verschiedene Leipziger Schulen, darunter auch Mittelschulen, einen Brief, in dem ich mein Forschungsinteresse darlegte. Ich bat die Lehrenden darum, sich mit mir in Verbindung[28] zu setzen, wenn sie

[28] Ich legte meiner Anfrage ein bereits vorgefertigtes Antwortschreiben sowie einen frankierten Rückumschlag bei.

(1) die Möglichkeit hatten, mich in ihren Unterricht einzuladen, damit ich dort eine Unterrichtseinheit zum Thema „Gemeinsam gegen die Todesstrafe“ durchführen konnte

und

(2) wenn sie mir anschließend ein Interview geben konnten.

Zusagen erhielt ich von drei Lehrenden dreier verschiedener Gymnasien im Raum Leipzig. Mit diesen wurde ein Termin für die Schuleinheit vereinbart. Dieser Termin wurde dabei so gelegt, dass der Lehrende gleich im Anschluss an die Unterrichtseinheit meine Interviewfragen beantworten konnte.

Detailfragen zur Strukturierung und zum Ablauf des problemzentrierten Interviews und zum Forschertagebuch werden in den folgenden Kapiteln 5.3 und 5.4 beantwortet.

5.3 Das problemzentrierte Interview

Im vorhergehenden Abschnitt konnte ich aufzeigen, wie ich zu meinen Interviewpartnern gekommen bin. Bei den Interviews handelt es sich um problemzentrierte Interviews, welche im Folgenden in ihrer Theorie kurz skizziert werden. Anschließend wird diese Theorie auf meine Interviews übertragen.

Unter dem Begriff des problemzentrierten Interviews[29] können nach Mayring (2002) „alle Formen der offenen, halbstrukturierten Befragung zusammengefasst [werden]“. (Mayring 2002, S. 67) Das Interview lässt dem Befragten zwar den Raum, um möglichst frei erzählen und berichten zu können, es zielt aber dabei auf eine bestimmte Problemstellung, auf die der Interviewer den Befragten immer wieder zurückführt. (vgl. ebd.)

Diese Problemstellung wird vorab durch den Interviewer analysiert und herausgearbeitet. Anschließend entwickelt der Interviewer auf dieser Basis einen Interviewleitfaden. In diesem Leitfaden lassen sich Anhaltspunkte finden, die im Interview auf je-

---

[29] Dieser Begriff wurde durch Witzel im Jahr 1982 bzw. 1985 das erste Mal geprägt. (vgl. Lamnek 2005, S. 364 und Mayring 2002, S. 67) Witzel verstand allerdings darunter eine Methodenverbindung von „qualitativem Interview, Fallanalyse, biographischer Methode, Gruppendiskussion und Inhaltsanalyse“. (Mayring 2002, S. 68)

den Fall angesprochen werden sollen, die aber die Möglichkeit für Nachfragen durch den Interviewer geben. (vgl. ebd.) Die Frageformulierung lässt dabei das offene Antworten des Befragten zu. Durch die Fragestellung vermittelt der Interviewer dem Befragten lediglich den interessierenden Problembereich und regt dadurch zum Erzählen an. (vgl. Lamnek 2005, S. 364)

Lamnek (2005) beschreibt vier Phasen, die den Ablauf eines problemzentrierten Interviews darstellen sollen. An diesen Phasen sollte sich der Forscher beim Erstellen seines Interviewleitfadens orientieren. Die Beschreibung der folgenden Phasen ist angelehnt an Lamnek (2005, S. 365f.).

Phase eins beschreibt die Einleitung des Interviews. Lamnek gibt an, dass in dieser Phase der Problembereich des Interviews festgelegt werden soll. Phase zwei, die als „allgemeine Sondierung" (2005, S. 365) beschrieben wird, hat die Aufgabe, den Befragten durch ein Erzählbeispiel zum freien Erzählen zu stimulieren. Die anschließende Phase der „spezifischen Sondierung" (ebd.), Phase drei, dient dazu, dass der Interviewer die Erzählung des Befragten nachvollziehen kann. Hierfür stehen drei Techniken zur Verfügung (vgl. ebd., S. 365f):

(1) Zurückspiegelung: Der Interviewer formuliert seine Interpretation des Gehörten mit eigenen Worten. Dadurch hat der Befragte die Möglichkeit zu äußern, ob der Interviewer ihn verstanden hat oder nicht.

(2) Verständnisfrage: Der Interviewer fragt konkret nach den Stellen, die ihm unverständlich geblieben sind. Dadurch können Widersprüche oder Inhalte, die lediglich ausweichend beantwortet wurden, in den Mittelpunkt des Interviews gerückt werden.

(3) Konfrontation: Der Befragte wird direkt mit aufgetretenen Widersprüchen und nicht Geklärtem konfrontiert. Bei diesem Vorgehen kann sich der Befragte allerdings unverstanden fühlen, wodurch eine angenehme Gesprächbasis zerstört werden kann.

Die abschließende Phase vier, „direkte Fragen" (ebd., S. 366), gibt dem Interviewer die Möglichkeit, Nachfragen zu den Themengebieten zu stellen, die der Befragte noch nicht angesprochen hat.

Lamnek verweist in seiner Darstellung noch darauf, dass den genannten vier Phasen eine Phase vorangestellt werden könnte, bei dem der Befragte kurze Fragen beantworten muss, um Gedächtnisinhalte zu aktivieren. Außerdem bewirken diese Fragen, dass der Befragte einer „ersten inhaltlichen Auseinandersetzung mit den im Interview anzusprechenden Problembereichen“ (ebd.) nicht ausweichen kann.

5.3.1 Interviewziele und -fragen

Die problemzentrierten Interviews mit den Lehrern hatten das Ziel, zwei Fragenkomplexe, Leitfrage drei und vier, zu analysieren:

- Welche Faktoren wirken hemmend bzw. förderlich hinsichtlich der Verwendung von offenen Arbeitsformen?
- Welche Lernerfahrungen werden durch offene Arbeitsformen erlebt?

Die Interviews hatten demnach nicht zum Ziel herauszufinden, was die Lehrerinnen unter offenen Arbeitsformen und Menschenrechtsbildung verstehen, sondern wie sie deren Anwendung im Unterricht erleben und beurteilen.

Die folgende Tabelle 6 stellt die Interviewfragen vor. Bei ihrer Formulierung habe ich mich lediglich an die gerade eben vorgestellten Phasen von Lamnek (2005) angelehnt. Vielmehr habe ich die Interviewfragen von den Leitfragen drei und vier abgeleitet. Spalte eins in Tabelle 6 nennt die Hauptfragestellungen. Dabei handelt es sich um Fragen, die unbedingt durch den Lehrenden beantwortet werden mussten. Spalte drei kann als Ergänzung für die eben vorgestellte erste Spalte gelten. Diese Ergänzungsfragen wurden dem Lehrenden nur dann gestellt, wenn er die Hauptfragestellung nicht verstanden hat oder nicht ausreichend beantworten konnte. Die Ergänzungsfragen können somit auch als „kleine Hilfen“ betrachtet werden. Die mittlere Spalte soll die Interviewfragen und ihre Reihenfolge im Bezug auf die Leitfragen drei und vier begründen.

Hauptfragestellung	Begründung	Ergänzungsfragen
Wie ist ihr erster Eindruck von der heute erlebten Unterrichtseinheit?	Einstiegsfrage, soll die Gesprächsatmosphäre lockern und Vertrautheit schaffen	Wie würden Sie ihre erste spontane Reaktion beschreiben?
Wir haben heute viele Elemente von offenen Arbeitsformen erleben können. Was glauben Sie, welche Bedingungen erfüllt sein sollten, damit offene Arbeitsformen im Unterricht funktionieren?	Beantwortet Teil eins des ersten Leitfragenkomplexes	Können Sie Rahmenbedingungen nennen, die offene Arbeitsformen erfordern?
Fallen Ihnen auch Rahmenbedingungen ein, die die Arbeit in der Klasse mit offenen Arbeitsformen erschweren könnten?	Beantwortet Teil zwei des ersten Fragenkomplexes	* Unter welchen Bedingungen würden Sie in einer Klasse keine offenen Arbeitsformen anwenden? * Können Sie eine Unterscheidung zwischen Bedingungen innerhalb der Schule und der Klasse machen?
Was denken Sie, was haben die Schüler heute gelernt?	Die Frage richtet sich auf die Lernerfahrungen, die die Schüler gemacht haben.	Was nehmen die Schüler heute mit?
Sie haben die Unterrichtseinheit heute miterleben können. Was haben Sie dabei gelernt?	Die Lernerfahrungen der Lehrer sollen durch diese Frage ermittelt werden.	* Was ging in Ihnen vor? * Welche Gedanken, Emotionen oder Reaktionen hat es ausgelöst? * Glauben Sie, dass Sie eine der heute gesehenen offenen Arbeitsformen selbst ausprobieren werden?

Tabelle 6: Hauptfragestellungen und Ergänzungsfragen

5.3.2 Sampling

Der folgende Teilabschnitt hat die Aufgabe zu verdeutlichen, welche Überlegungen bei der Auswahl der Interviewpartner zugrunde lagen.

Mein Ziel war es, mindestens drei Lehrer für ein Interview zu gewinnen. Dabei war mein Anspruch, dass alle Lehrer vor dem Interview eine Unterrichtseinheit zum Thema „Gemeinsam gegen die Todesstrafe“ miterleben sollten. Direkt danach sollte ein problemzentriertes Interview stattfinden. Dadurch konnte ich sicherstellen, dass die Erinnerungen der Lehrer an die erlebte Unterrichtseinheit nicht weit zurücklagen.

Alle Interviewpartner sind Lehrende von drei verschiedenen Leipziger Gymnasien und unterrichten Gemeinschaftskunde und Ethik.

Neben den Lernerfahrungen der Lehrer interessierte mich, welche Lernerfahrungen die Schüler nach Einschätzung ihrer Lehrer erlebten. An diesem Punkt kann die Frage entstehen, weshalb die Schüler als Untersuchungsobjekt nicht selbst befragt wurden. Meine Entscheidung Schüler nicht zu befragen, sondern mich auf problemzentrierte Interviews mit Lehrenden zu beschränken, hat vor allem folgenden Grund: Eine Zusammenarbeit mit den Schülern hätte bedeutet, dass zu den Interviews mit den Lehrern zusätzliche Fragebogenanalysen notwendig gewesen wären. Das Problem hierbei wäre der zusätzliche zeitliche Aufwand. Neben der Entwicklung von Interviewfragen, der Durchführung der Interviews sowie deren Transkription und Auswertung hätte die Entwicklung von schülerorientierten Fragebögen gestanden, die ebenfalls aufwendig ausgewertet werden müssen. Dies ließ sich im vorgegebenen zeitlichen Rahmen von sechs Monaten nicht realisieren.

5.3.3 Durchführung

Alle Interviews wurden in der Zeit von April bis Juli 2008 durchgeführt. Insgesamt wurden drei problemzentrierte Interviews realisiert. Interview 1 diente dazu, meine Interviewfragen zu testen. Nach diesem ersten Interview wurde mir bewusst, dass meine Forschungsfragen nicht konkret genug formuliert waren, wodurch die Interviewfragen ebenfalls zu unspezifisch gestellt wurden. Deshalb kann das erste Interview als Pretest gelten und wird nicht in die Auswertung einfließen.

Nachdem ich die Forschungsfragen konkretisiert hatte, konnte ich die Interviewfragen entsprechend darauf abstimmen. Alle Interviews wurden mit Hilfe eines digitalen Aufnahmegeräts aufgezeichnet. Zudem fertigte ich nach jedem Interview ein Gedächtnisprotokoll an, um für den Fall vorzusorgen, dass die Interviewaufzeichnungen fehlerhaft sind. Nachdem die Interviews durchgeführt und aufgezeichnet wurden, konnten sie nach den vorgeschlagenen Richtlinien von Kuckartz (2007) transkribiert werden. Eine Transkription sollte immer festgelegten Regeln folgen, die sich an den jeweiligen Forschungsinteressen orientieren. So können beispielsweise für die Auswertung auch nonverbale Äußerungen von Bedeutung sein, während in einem anderen Fall lediglich eine Zusammenfassung des Gesagten ausreicht. (vgl. Kuckartz 2007, S. 27) Im Folgenden werden die Transkriptionsregeln vorgestellt, die bei den für diese Arbeit vorliegenden Interviews angewendet wurden:

- Dialekte und Füllwörter[30] werden nicht in das Transkript aufgenommen.
- Alle personenbezogenen Daten werden durch ein xx ersetzt.
- Sprechpausen werden im Transkript entsprechend durch das Zeichen (...) vermerkt.
- Begriffe und Textpassagen, die der Sprecher besonders hervorhebt und betont, werden im Text durch Unterstreichung deutlich gemacht.
- Zustimmende Äußerungen des Interviewers werden nicht transkribiert, es sei denn, sie unterbrechen den Redefluss des Interviewpartners.
- Zwischenfälle oder Äußerungen, wie beispielsweise lachen, werden mit dem Zeichen {...} markiert, z. B. {lachen}.
- Die Person, die das Interview durchführt, wird mit I bezeichnet, während die befragte Person mit einem IP und der Interviewnummer gekennzeichnet wird.

Die genannten Transkriptionsregeln werden von Kuckartz (2007, S. 27f) formuliert. Alle Interviews wurden in der Reihenfolge ihrer Entstehung mit den Nummern 1 bis 3 versehen.

Die Auswertung von Interview 2 und 3 erfolgte in Anlehnung an das von Professor Philip Mayring (2003) vorgeschlagene Verfahren der qualitativen Inhaltsanalyse, deren Ziel „die Analyse von Material [ist], das aus irgendeiner Art von *Kommunikation* stammt“. (Mayring 2003, S. 11) Dabei handelt es sich um aufgeschriebene, also festgehaltene Kommunikation. Ich orientiere mich lediglich innerhalb der Auswertung meiner Interviews und der Forschungstagebücher an dem von Mayring vorgeschlagenen Verfahren. Ich möchte im Folgenden einen kurzen Überblick über den theoretischen Ablauf der qualitativen Inhaltsanalyse geben. Dieser Überblick erscheint mir

---

[30] Typische Füllwörter innerhalb meiner Interviews waren „ähm“ und „äh“. Diese wurden nicht in das Transkript aufgenommen.

sinnvoll, da er die Basis für meine Überlegungen für die Auswertung der Interviews und Forschungstagebücher darstellt.

Ein systematisches und regelgeleitetes Vorgehen sind Grundbedingungen für das Gelingen einer qualitativen Inhaltsanalyse. Das bedeutet ebenso, dass die Vorgehensweise von einer entsprechenden Theorie bestimmt wird. (vgl. ebd., S. 13) Mayring empfiehlt drei Schritte, die zu Beginn jeder Analyse durchgeführt werden müssen. In einem ersten Schritt wird das Material, welches in die Analyse einbezogen werden soll, festgelegt. (vgl. ebd., S. 47) Im Fall dieser Studie umfasst dies die Interviews 2 und 3 sowie die Forschungstagebücher 1 bis 13. Im zweiten Schritt empfiehlt Mayring (2003), die Entstehungssituation des zu analysierenden Materials zu beschreiben. Das bedeutet „von wem und unter welchen Bedingungen das Material produziert wurde". (ebd.) Der dritte Schritt umfasst formale Merkmale der Analyseeinheiten. (vgl. ebd.) Im Fall der vorliegenden Arbeit mussten die Interviews vor der Analyse transkribiert und die Forschungstagebücher digitalisiert werden. Für den weiteren Verlauf der Untersuchung ist es sinnvoll, eine Fragestellung zu formulieren, anhand derer die Analyse durchgeführt werden kann. „Ein Kategoriensystem stellt das zentrale Instrument einer Analyse dar." (ebd., S. 43) Diese Kategorien wurden hier durch die Leitfragen drei und vier bereits vorgegeben.

Damit das zu untersuchende Material für die Beantwortung der Fragestellungen der Analyse reduziert werden kann, formuliert Mayring (2003) *Interpretationsregeln* (ebd., S. 61), die wie folgt zusammengefasst werden können:

1. Paraphrasierung
2. Generalisierung auf das Abstraktionsniveau
3. Erste Reduktion
4. Zweite Reduktion (ebd., S. 62)

In Schritt eins, der Paraphrasierung, werden alle unwichtigen Passagen gestrichen. Dazu zählen Ausschmückungen und Wiederholungen. Am Ende dieses ersten Schrittes steht eine Aussage in einer „grammatikalischen Kurzform" (ebd.), die so genannte Paraphrase. Im zweiten Schritt werden „die Gegenstände der Paraphrasen auf die definierte Abstraktionsebene" (ebd.) verallgemeinert. Innerhalb der ersten Reduktion werden schließlich inhaltlich gleiche Paraphrasen gestrichen, während innerhalb der zweiten Reduktion inhaltlich ähnliche Paraphrasen gebündelt und zusammengefasst werden. (vgl. ebd.)

Für meine Analyse habe ich mich an den von Mayring vorgeschlagenen Auswertungsschritten orientiert, schließlich aber ein eigenes Auswertungssystem entwickelt, welches ich im Hinblick auf die Fragestellungen dieser Studie als überzeugend erachte.

Durch meine Leitfragen konnte ich mein Erkenntnisinteresse eingrenzen. Mich interessiert, welche förderlichen und hemmenden Faktoren den Unterricht mit offenen Arbeitsformen beeinflussen und welche Lernerfahrungen Lehrer, Schüler und ich selbst während der Anwendung von offenen Arbeitsformen erleben. Im Hinblick auf dieses Forschungsinteresse erschien es mir sinnvoll, die genannten Faktoren voneinander getrennt zu betrachten. Im Folgenden werde ich das Auswertungsvorgehen für die Frage nach den förderlichen Faktoren näher erläutern. Die Fragen nach den hinderlichen Faktoren als auch den Lernerfahrungen wurden analog bearbeitet.

Die Interviews und die Forschungstagebücher wurden in Hinblick auf die Faktoren analysiert, die als diejenigen genannt werden, die den Unterricht mit offenen Arbeitsformen begünstigen. Schließlich habe ich alle Zitate, die mir eine Antwort auf meine Frage gaben, gesammelt. Dabei wurden die Aussagen der Lehrer weder verändert noch verkürzt übernommen. Dadurch konnte ich sicherstellen, dass die Aussagen der Lehrer nicht falsch wiedergegeben wurden. Die Zitate gruppierte ich anschließend nach ihrer inhaltlichen Ähnlichkeit und leitete daraus eine Verallgemeinerung ab. Diese Verallgemeinerung entspricht jeweils einem förderlichen Faktor.

Die dabei entstandenen Tabellen sind Teil dieser Studie und befinden sich am Ende der Ergebnisdarstellungen.

5.3.4 Ergebnisse

Die folgende Ergebnisdarstellung setzt sich aus mehreren Teilen zusammen. Ich möchte mit der Vorstellung der durch die interviewten Lehrenden genannten förderlichen Faktoren bei der Verwendung von offenen Arbeitsformen im Unterricht beginnen. Die durch die Lehrer in den Interviews 2 und 3 genannten förderlichen Faktoren werden beschrieben und durch entsprechende Interviewpassagen[31] belegt. Damit die Aussagen den verschiedenen Interviewpartnern zugeordnet werden können, sind die

[31] Aus datenrechtlichen Gründen werden die Interviews nicht abgedruckt.

Interviews von I1 bis I3 nummeriert. Die Nummerierungen stehen unter jedem Interviewausschnitt. Die Interviewauszüge werden durch Einrückungen hervorgehoben.

Im Zusammenhang mit dem Thema Menschenrechtsbildung gab ein interviewter Lehrer an, dass die Schüler durch eine offene Vorgehensweise im Unterricht dazu ermutigt werden, ihren eigenen Standpunkt zu formulieren:

> „(...) bei solchen schwierigen Themen wie Folter, wie Menschenrechtsverletzungen, ganz gut ist, die Schüler offen zu behandeln, ja also ihnen die Möglichkeit wirklich zur Stellungnahme zu geben, ohne ihnen zuviel Informationen von vornherein aufzudrücken, sondern wirklich die Schüler selber sehr viel selbst entwickeln lassen." (I 2)

An dieser Stelle möchte ich auf Kapitel 3.4 hinweisen. In diesem wurde auf den so genannten Beutelsbacher Konsens verwiesen. Die Schüler sollen ermutigt werden ihre eigene Meinung zu formulieren und zu diskutieren. Dabei ist es wichtig, dass Themen, welche innerhalb der Politik kontrovers diskutiert werden, auch in der Schule kontrovers erörtert werden. Dieser Sachverhalt kann dadurch begünstigt werden, dass die Spezifikation von Inhalten im Unterricht beständig zunimmt. Dies bedeutet beispielsweise, dass zu Beginn einer Unterrichtseinheit allgemeine Sachverhalte eines Themas herausgearbeitet werden. Diese können im Anschluss mit anschaulichen und vor allem konkreten Beispielen verdeutlicht werden. Dadurch wird es den Schülern erleichtert, einen eigenen Standpunkt formulieren zu können:

> „Und es wurde dann immer spezifischer, die Informationen wurden spezifischer und damit wurde auch die Diskussion einfach viel viel [sic] besser angeregt." (I 2)

Ein weiterer förderlicher Faktor bei der Verwendung von offenen Arbeitsformen im Unterricht ist es, wenn sich die Schüler, während sie miteinander sprechen und diskutieren, ungehindert ansehen können. Dadurch wird eine angenehme Gesprächsatmosphäre begünstigt.

> „(...) der Vorteil darin lag, dass eben alles so offen war, dass sie sich gesehen haben, dass sie sich nicht umdrehen mussten, dass sie sich anschauen konnten." (I 2)

Ebenso ist es wichtig, dass die Schüler den Ablauf der bevorstehenden Arbeitsform kennen. Damit ist sowohl eine Zeitvorgabe als auch eine Erwartungsbeschreibung gemeint. Die Schüler kennen demnach die ihnen zur Verfügung stehende Zeit und wissen, was von ihnen erwartet wird. Einzelne Arbeitsschritte sind den Schülern bewusst und sie können sich darauf einstellen:

> „Schüler sollten auf jeden Fall mit der Arbeitsform vertraut sein. Also sie sollten wissen, was erwartet mich hier, welche Zielsetzung ist gegeben (...) in welchen Abschnitten wird hier gehandelt.“ (I 2)

Daraus folgt, dass der Lehrende bereits bei der Planung des Unterrichts seine zur Verfügung stehende Zeit berücksichtigen sollte. Eine genaue Zeitplanung ist für das Gelingen von offenen Arbeitsformen im Unterricht von großer Bedeutung, da sich die Schüler daran orientieren. Außerdem benötigen die Schüler ausreichend Zeit für das Erarbeiten von Inhalten und für ihre Präsentation.

> „(...) grundsätzlich denke ich schon so, dass man sowohl in fünfundvierzig Minuten eine offene Arbeitsform ansetzen kann, aber auch in neunzig Minuten. Neunzig Minuten sind natürlich dafür wesentlich günstiger, weil man mehr Zeit lassen kann, auch zum Erarbeiten, und zum Präsentieren dann auch.“ (I 2)

Weiterhin wurde von den Lehren als förderliche Faktoren bei der Verwendung von offenen Arbeitsformen im Unterricht genannt, dass genügend Material zur Verfügung stehen muss und die Schüler Freiräume erhalten müssen, in denen sie arbeiten können. Das Material sollte durch den Lehrenden zur Verfügung gestellt werden, so dass die Schüler aus den Materialien wählen können, welche sie für die Bearbeitung ihrer Aufgabe benötigen.

> „(...) Materialien angeboten werden, oder es sollten Materialien zur Verfügung stehen, die sich die Schüler selber wählen können.“ (I 2)

Damit die Schüler zum selbstständigen Erarbeiten von Inhalten ermutigt werden, müssen Freiräume durch den Lehrenden bereitgestellt werden, in denen sich die Schüler ausprobieren können. Im Interview wurde dies wie folgt zusammengefasst:

> „(...) ein äußerer Rahmen gegeben ist, dass aber innerhalb dieses Rahmens eine gewisse Freiheit herrscht für den Schüler.“ (I 2)

Damit die Schüler die zur Verfügung stehenden Freiräume auch nutzen, sollten die Schüler es gewohnt sein, Inhalte selbstständig zu erarbeiten. Einer der befragten Lehrer gab an, dass viele Schüler es gewohnt sind, dass der Lehrer die wichtigen Informationen präsentiert und die Schüler diese schließlich lernen. Deshalb benannte eben dieser Lehrer als förderlichen Faktor, dass die Schüler die Arbeitsweise des selbstständigen und freien Erarbeitens von Inhalten kennen:

> „Wenn die Schüler es gewohnt sind, mal nicht nur dem Lehrer zuzuhören, gehen die mit solchen offenen Sachen viel besser um. Das ist dann halt normal. Für viele ist es normal, dass der Lehrer die Infos gibt.“ (I 3)

„Schüler sind nun mal Gewohnheitstiere. Ich glaube, wenn sie schon in der Grundschule mal diesen Tisch verlassen hätten, wäre es später einfacher für mich." (I 3)

Alle befragten Lehrenden gaben an, dass offene Arbeitsformen nur dann effektiv in den Unterricht integriert werden können, wenn der Lehrende die Gruppen, die zusammenarbeiten sollen, so bildet, dass ein lernförderliches Klassenklima entsteht. Cliquenbildung wird bewusst unterbunden und leistungsschwächere Schüler sollen mit leistungsstärkeren Schülern zusammenarbeiten. Dadurch lernen die Schüler sich gegenseitig zu helfen und zu unterstützen.

„(...) das nicht unbedingt leistungsschwächere Schüler dann auch noch mit leistungsschwachen Schülern arbeiten, sondern dass sie sich auch gegenseitig ein bisschen helfen können. Und, dass auch Unruhestifter nicht zusammen sind, dass es einfach gut aufgeteilt ist, dass auch die Gruppen untereinander was voneinander haben." (I 2)

„(...) Gruppen so zu bilden, dass die Cliquenbildung gesprengt wird." (I 3)

Als letzter förderlicher Faktor wurde benannt, dass offene Arbeitsformen es ermöglichen, dass der Schüler sowohl physisch als auch mental am Unterricht beteiligt ist. Er kann, wenn er beispielsweise im Raum Position beziehen muss, sich nicht aus dem Denkprozess heraus nehmen, erhält aber gleichzeitig die Möglichkeit, sich nicht verbal äußern zu müssen, sondern seinen Standpunkt durch Körperpräsenz hervorzuheben.

„(...) weil man ja da mit der gesamten Körperpräsenz eine Aussage trifft. Außerdem können sie sich so nicht aus dem Denkprozess raus nehmen." (I 3)

Alle durch die Lehrenden genannten förderlichen Faktoren werden in der folgenden Tabelle 7 nochmals zusammengefasst. Einige bereits genannten Zitate aus den Interviews sind ebenfalls in der Tabelle aufgeführt. Zudem gibt es weitere Zitate, die eine Aussage zusätzlich stützen. Die Tabelle setzt sich aus drei Spalten zusammen, wobei in der ersten Spalte die Zitate stehen. Aus diesen wurden allgemeine Schlussfolgerungen abgeleitet, die in Spalte zwei nachzulesen sind. Spalte drei liefert konkrete Möglichkeiten, wie die Umsetzung im Unterricht aussehen kann. Hierbei gilt es zu beachten, dass die letzten Spalte nicht immer ausgefüllt werden konnte. Das liegt daran, dass die Gefahr bestand, dass ich dadurch zuviel in die Aussagen der Lehrer interpretiert hätte. Dies hätte zu einer Durchmischung der konkreten Möglichkeiten im Unterricht aus den Forschungstagebüchern und den Interviews führen können.

Förderliche Faktoren		
Zitate aus den Interviews:	Der Unterricht mit offenen Arbeitsformen kann durch folgende Konstellationen begünstigt bzw. gefördert werden:	Konkret kann das im Unterricht bedeuten:
„(…) der Vorteil darin lag, dass eben alles so offen war, dass sie sich gesehen haben, dass sie sich nicht umdrehen mussten, dass sie sich anschauen konnten." (I 2)	**Ungehinderter Blickkontakt zwischen den Schülern ist möglich.**	• Alle Schüler können sich, wenn sie miteinander sprechen, ansehen. • Die Schüler müssen sich nicht umdrehen, wenn sie miteinander sprechen.
„Und es wurde dann immer spezifischer, die Informationen wurden spezifischer und damit wurde auch die Diskussion einfach viel viel [sic] besser angeregt." (I 2)	**Die Spezifikation der Inhalte nimmt beständig zu.**	
„(…) weil man ja da mit der gesamten Körperpräsenz eine Aussage trifft. Außerdem können sie sich so nicht aus dem Denkprozess raus nehmen." (I 3)	**Der Schüler hat die Möglichkeit, sich physisch und mental am Unterricht zu beteiligen.**	• Der Schüler kann sich im Unterricht bewegen. • Der Schüler kann mit einer Positionierung seine Meinung äußern, ohne eine verbale Begründung abgeben zu müssen.
„Schüler sollten auf jeden Fall mit der Arbeitsform vertraut sein. Also sie sollten wissen, was erwartet mich hier, welche Zielsetzung ist gegeben (…) in welchen Abschnitten wird hier gehandelt." (I 2) „Arbeitsschritte (…), kennen und sie sollten auch so in etwa, bei größeren Klassen vielleicht nicht mehr unbedingt, aber bei kleineren schon, auch eine Zeitvorgabe haben (…)." (I 2)	**Die Schüler kennen den Ablauf der Arbeitsform.**	• Die Schüler kennen die ihnen zur Verfügung stehende Zeit. • Einzelne Arbeitsabläufe sind den Schülern bekannt. • Die Schüler wissen, was von ihnen erwartet wird.

„(…) grundsätzlich denke ich schon so, dass man sowohl in fünfundvierzig Minuten eine offene Arbeitsform ansetzen kann, aber auch in neunzig Minuten. Neunzig Minuten sind natürlich dafür wesentlich günstiger, weil man mehr Zeit lassen kann, auch zum Erarbeiten, und zum Präsentieren dann auch.“ (I 2) „[Die Schüler sollten] auch eine Zeitvorgabe haben, so dass sie sich orientieren können. Das halte ich für sehr wichtig, ja.“ (I 2)	**Der Lehrende berücksichtigt seine zur Verfügung stehende Zeit bereits bei der Planung des Unterrichts.**	
„(…) ein äußerer Rahmen gegeben ist, dass aber innerhalb dieses Rahmens eine gewisse Freiheit herrscht für den Schüler.“ (I 2)	**Die Schüler erhalten Freiräume.**	• Die Schüler haben eine Zeitvorgabe, in der frei gearbeitet werden kann.
„(…) das spielt natürlich dann auch für das Ergebnis, für den Erfolg eine entscheidende Rolle, wie die Gruppen zusammengesetzt sind.“ (I 2) „(…) das nicht unbedingt leistungsschwächere Schüler dann auch noch mit leistungsschwachen Schülern arbeiten, sondern dass sie sich auch gegenseitig ein bisschen helfen können. Und, dass auch Unruhestifter nicht zusammen sind, dass es einfach gut aufgeteilt ist, dass auch die Gruppen untereinander was voneinander haben.“ (I 2) „(…) Gruppen so zu bilden, dass die Cliquenbildung gesprengt wird.“ (I 3)	**Der Lehrende bildet die Gruppen so, dass ein lernförderliches Klima entstehen kann.**	• Leistungsschwächere Schüler arbeiten mit leistungsstarken Schülern zusammen. • Cliquen, die immer zusammenarbeiten wollen, werden bewusst auseinandergesetzt.

„(…) Materialien angeboten werden, oder es sollten Materialien zur Verfügung stehen, die sich die Schüler selber wählen können.“ (I 2)	**Die Schüler können aus vorhandenen Materialien auswählen.**	
„Wenn die Schüler es gewohnt sind, mal nicht nur dem Lehrer zuzuhören, gehen die mit solchen offenen Sachen viel besser um. Das ist dann halt normal. Für viele ist es normal, dass der Lehrer die Infos gibt.“ (I 3)	**Die Schüler sind es gewohnt, Inhalte selbstständig zu erarbeiten.**	• Die Schüler sind mit offenen Arbeitsformen vertraut. • Die Schüler können selbstständig arbeiten.

Tabelle 7: Zusammenfassung der genannten förderlichen Faktoren aus den Interviews 2 und 3

Nach der ausführlichen Darstellung der förderlichen Faktoren bei der Verwendung von offenen Arbeitsformen im Unterricht wird im Folgenden auf die durch die Lehrenden genannten hinderlichen Faktoren eingegangen.

Grundlegend waren sich alle befragten Lehrer einig, dass in Klassen, in denen ein hohes Unruhepotential herrscht, die Integration von offenen Arbeitsformen in den Unterricht eher erschwert wird. Klassen, in denen beispielsweise eine besonders starke Gruppenbildung herrscht, oder in denen sich Schüler feindselig gegenüberstehen, bieten keine guten Voraussetzungen für das Gelingen von offenen Arbeitsformen:

> „Und ich denke schon, dass jeder Lehrer Klassen kennt, in denen er Gruppenarbeit und offene Arbeitsformen vermeiden würde. Und das ist dann aber eher denke ich wirklich ein soziales Problem innerhalb der Klasse." (I 2)

> „In dem Moment, in dem es eine starke Cliquenbildung gibt, oder in dem es ein eindeutiges Mobbingverhalten gibt, denke ich, ist es schwierig, (...) und da ist dann so Stichwort Herdentrieb sicher auch noch mit entscheidend." (I 3)

Im letzten Interviewauszug wurde der „Herdentrieb" angesprochen, der nur schwer zu überwinden ist. Eine Lehrerin gab allerdings einen schönen Hinweis, wie man den Schülern dieses Phänomen bewusst machen kann. Da sich dieser Interviewauszug an dieser Stelle anbietet, wird er innerhalb der Auflistung der hinderlichen Faktoren eingebracht:

> „(...) Schülern diesen Herdentrieb auch klar machen kann, wenn man mal so eine ganz klare Frage stellt, die sich vielleicht thematisch überhaupt nicht in Richtung Menschenrechte, oder je nach dem in welchem Kontext man es verwendet, bewegt, sondern in Richtung Lieblingseis oder Geburtsmonat, was auch immer." (I 3)

Dadurch, dass die Schüler sich zu einem relativ einfachen Sachverhalt positionieren sollen, fällt es ihnen später leichter, sich von den anderen Schülermeinungen abzugrenzen.

Die Auflistung der hinderlichen Faktoren bei der Verwendung von offenen Arbeitsformen im Unterricht kann wie folgt fortgesetzt werden: Wenn der Lehrende eine Klasse nur selten unterrichtet, beispielsweise lediglich alle zwei Wochen, oder wenn er die Klasse erst vor einiger Zeit übernommen hat, kann sich dies ebenfalls hinderlich auf die Integration von offenen Arbeitsformen in den Unterricht auswirken. Der Lehrer kennt dann beispielsweise die Probleme, die in einer Klasse existieren, noch nicht. Mögliche Probleme innerhalb eines Klassenverbandes wurden gerade genannt. Ein starres und zudem unbewegliches Raumkonzept kann sich ebenfalls hinderlich auswirken. Dies trifft zu, wenn Tische und Stühle erst umständlich weggeräumt werden müssen, oder wenn sie sogar im Boden verankert sind:

> „In dem Moment, in dem Tische im Weg stehen und aus dem Weg geräumt werden müssen, oder die Tische festgeschraubt sind, so was gibt es auch, ist es natürlich für eine flexible Unterrichtsgestaltung erstmal problematisch." (I 3)

Als hinderlich gab ein befragter Lehrer weiterhin an, dass es Unterrichtsinhalte gibt, die sich nicht anbieten, um sie mit offenen Arbeitsformen zu erarbeiten. Damit ist gemeint, dass beispielsweise bei der Einführung von neuen Themen, bei denen die Schüler erst eine Basis an Wissen aufbauen müssen, es nicht sinnvoll ist, mit offenen Arbeitsformen den Unterricht zu gestalten.

> „(...) rein thematische Faktoren (...), die es behindern können. Dass es einfach Inhalte gibt, die sich nicht anbieten für eine offene Arbeitsform." (I 2)

Unmotivierte und bewegungsfaule Schüler wurden ebenfalls als hinderliche Faktoren genannt:

> „(...) es gibt Altersstufen und Klassen, die sind einfach bewegungsfaul. Und die wollen sich einfach nicht bewegen." (I 3)

Warum die Schüler unmotiviert sind, kann viele Gründe haben, die im Einzelnen hier nicht erörtert werden können. Jedoch können eine Überforderung der Schüler sowie das Wissen, dass die erarbeiteten Ergebnisse nicht präsentiert werden können, motivationshemmend wirken. Wenn die Schüler nicht wissen, was von ihnen erwartet wird, oder wenn eine neue Arbeitsform im Unterricht durch den Lehrenden nicht ausreichend und verständlich genug erläutert wird, kann dies zu einer Überforderung der Schüler führen.

> „Und der Eindruck am Anfang war ein bisschen gegensätzlich, ich hatte so das Gefühl, dass sie überfordert sind, mit der Situation und auch mit dem Thema." (I 2)

Wenn Schüler ihre selbstständig erarbeiteten Ergebnisse nicht oder nur zeitlich versetzt präsentieren können, wirkt sich dies ebenfalls hinderlich auf das Gelingen von offenen Arbeitsformen im Unterricht aus. Wenn beispielsweise die Präsentation von Ergebnissen auf die nächste Unterrichtsstunde verlegt werden muss, kann die zeitliche Nähe und somit der Bezug zum Thema fehlen.

> „(...) dass man die Präsentation dann zum Beispiel verschieben muss. Dass dann auch die Nähe, die zeitliche Nähe fehlt." (I 2)

Ähnlich wie bei der Darstellung der förderlichen Faktoren bei der Verwendung von offenen Arbeitsformen im Unterricht wird auch bei den hinderlichen Faktoren eine Tabelle alle genannten möglichen Einflussgrößen zusammenfassen.

Hinderliche Faktoren		
Zitate aus den Interviews:	Der Unterricht mit offenen Arbeitsformen kann durch folgende Konstellationen erschwert bzw. behindert werden:	Konkret kann das im Unterricht bedeuten:
„(…) rein thematische Faktoren (…), die es behindern können. Dass es einfach Inhalte gibt, die sich nicht anbieten für eine offene Arbeitsform.“ (I 2) „(…) wenn man in ein Thema einführt, [in dem] gewisse Grundlagen gelegt werden müssen. Dann bietet es sich glaube ich nicht an, eine offene Arbeitsform durchzuführen.“ (I 2)	**Bestimmte Unterrichtsinhalte können nicht in offenen Arbeitsformen bearbeitet werden.**	• Der Schüler muss erst eine Basis an spezifischen Inhalten zu einem Thema bilden.
„(…) es gibt Altersstufen und Klassen, die sind einfach bewegungsfaul. Und die wollen sich einfach nicht bewegen.“ (I 3)	**Die Schüler sind unmotiviert.**	
„Klassen in denen ein sehr hohes Unruhepotential herrscht (…).“ (I 2) „Die [Schüler] sich vielleicht auch gegenseitig nicht besonders mögen.“ (I 2) „Und ich denke schon, dass jeder Lehrer Klassen kennt, in denen er Gruppenarbeit und offene Arbeitsformen vermeiden würde. Und das ist dann aber eher denke ich wirklich ein soziales Problem innerhalb der Klasse.“ (I 2)	**Die Sozialstruktur einer Klasse weist Probleme auf.**	Problematische Situationen innerhalb einer Klasse können sein: • Mobbing eines Mitschülers • starke Cliquenbildung und Ausgrenzung • Respektlosigkeit der Schüler untereinander

„In dem Moment, in dem es eine starke Cliquenbildung gibt, oder in dem es ein eindeutiges Mobbingverhalten gibt, denke ich, ist es schwierig, (…) und da ist dann so Stichwort Herdentrieb sicher auch noch mit entscheidend." (I 3)		
„(…) ich würde schon sagen, dass man einige Stunden Erfahrung mit so einer Klassen mitbringen sollte, in der ersten Stunde (…) eine offene Arbeitsform anwenden zu wollen, ist glaube ich nicht besonders klug." (I 2)	**Der Lehrende ist noch nicht mit der Klasse vertraut.**	• Der Lehrende unterrichtet das erste Mal in einer neuen Klasse. • Der Lehrende unterrichtet eine Klasse nur sehr selten.
„In dem Moment, in dem Tische im Weg stehen und aus dem Weg geräumt werden müssen, oder die Tische festgeschraubt sind, so was gibt es auch, ist es natürlich für eine flexible Unterrichtsgestaltung erstmal problematisch." (I 3)	**Es ist kein offenes und bewegliches Raumkonzept vorhanden.**	• Tische und Stühle in einem Raum sind fest montiert und nicht beweglich. • Tische und Stühle können aufgrund des Raumkonzepts nicht zur Seite geräumt werden.
„Und der Eindruck am Anfang war ein bisschen gegensätzlich, ich hatte so das Gefühl, dass sie überfordert sind, mit der Situation und auch mit dem Thema." (I 2)	**Die Schüler fühlen sich überfordert.**	• Die Schüler kennen den Ablauf der Unterrichtseinheit nicht und wissen nicht, was sie erwarten wird.
„(…) dass man die Präsentation dann zum Beispiel verschieben muss. Dass dann auch die Nähe, die zeitliche Nähe fehlt." (I 2)	**Die Präsentation von Ergebnissen muss verschoben werden.**	• Es wurde nicht genügend Zeit für die Präsentation der Ergebnisse eingeplant.

Tabelle 8: Zusammenfassung der genannten hinderlichen Faktoren aus den Interviews 2 und 3

Nachdem die durch die Lehrer genannten förderlichen und hinderlichen Faktoren dargestellt wurden, soll im Folgenden die Frage nach den Lernerfahrungen erörtert werden. Mein Ziel war es u.a. herauszufinden, welche Lernerfahrungen Lehrer bei der Verwendung von offenen Arbeitsformen im Unterricht erleben. Dabei ist zu berücksichtigen, dass die Lehrer die Unterrichtseinheit nicht selbst durchgeführt, sondern diese beobachtet haben. Ich ging davon aus, dass die Lehrer durch die Beobachtung ihrer Klasse Lernerfahrungen erleben würden.

Lernerfahrung bedeutet dabei aus meiner Sicht, dass der Lehrende zu einer für sich neuen Erkenntnis gelangt ist. Diese Erkenntnis kann zu einer konkreten Änderung des eigenen Verhaltens im Unterrichtsgeschehen führen. Eine Lernerfahrung ist dabei nicht gleichzusetzen mit dem Erleben, neues Wissen über ein Thema zu erlangen, gleichwohl dies im Interview gesagt wurde.

> „Wissen mitnehmen können, das ist ganz klar (…)." (I 2)

Weiterhin gaben die Interviewten an, dass sie Ideen und Anregungen für ihren eigenen Unterricht mitnehmen würden.

> „Was ich mir abgeschaut habe, ist die Idee mit den Zufallsgruppen." (I 2)

> „Na ja, die Methode des sich Positionierens ist mir durchaus bekannt, wird aber von mir vorzugsweise in Klassen 5 bis 7 eingesetzt, wenn wir oben im ‚Wir-Zimmer' sind, weil dort einfach keine Tische zu beseitigen sind. Das heißt, es war eher so der Impuls, na ja, auch die Großen sollte man mal dazu animieren." (I 3)[32]

An dieser Stelle wäre es interessant gewesen zu überprüfen, ob die Lehrer diese Hinweise tatsächlich in ihrer folgenden Unterrichtsplanung berücksichtigt haben. Allerdings fiel mir dieser Umstand erst bei der Auswertung meiner Ergebnisse auf, weshalb an diesem Punkt lediglich der Hinweis gegeben werden kann, dass ein ergänzendes Interview sinnvoll gewesen wäre.

Als weitere Lernerfahrung wurde genannt, dass menschenrechtspolitische Themen mit den Schülern in einem möglichst offenen Unterrichtsverlauf bearbeitet werden sollten, damit die Schüler die Möglichkeit erhalten, ihren eigenen Standpunkt zu finden und zu formulieren, ohne dabei durch einen Lehrenden zu stark beeinflusst zu werden:

---

[32] Das „Wir-Zimmer" ist ein Raum, der mit Matratzen ausgelegt ist und mit Flipchart und Methodenkärtchen ausgestattet ist.

> „(...) deswegen, würde ich jetzt für mich sagen, dass es in solchen Situationen, bei solchen schwierigen Themen wie Folter, wie Menschenrechtsverletzungen, ganz gut ist, die Schüler offen zu behandeln, ja also ihnen die Möglichkeit wirklich zur Stellungnahme zu geben, ohne ihnen zuviel Informationen von vornherein aufzudrücken, sondern wirklich die Schüler selber (...) entwickeln lassen." (I 2)

Diese Erkenntnis wurde bereits innerhalb der Auflistung der förderlichen Faktoren genannt. Diese doppelte Aufzählung ist durchaus bewusst von mir gewählt worden. Zum einen gibt das Zitat wieder, dass es förderlich ist, offene Unterrichtssituationen für die Schüler bei menschenrechtspolitischen Themen zu gestalten und zum anderen spiegelt das Zitat die Lernerfahrung wider, dass es sinnvoll ist, die Schüler bei politischen Unterrichtsinhalten „selber (...) entwickeln [zu] lassen". (I 2)

In Anlehnung an die Darstellung der förderlichen als auch der hinderlichen Faktoren wird die folgende Tabelle 9 eine Übersicht aller genannten Lernerfahrungen vorstellen. Dabei ist zu beachten, dass diese Tabelle lediglich aus zwei Spalten besteht: Spalte eins umfasst Auszüge aus den Interviews 2 und 3, während ich in der zweiten Spalte versuche, diese Auszüge in einer zusammenfassenden Form darzustellen.

Lernerfahrungen Lehrer	
Zitate aus den Interviews:	Daraus resultierende Lernerfahrung:
„(…) deswegen, würde ich jetzt für mich sagen, dass es in solchen Situationen, bei solchen schwierigen Themen wie Folter, wie Menschenrechtsverletzungen, ganz gut ist, die Schüler offen zu behandeln, ja also ihnen die Möglichkeit wirklich zur Stellungnahme zu geben, ohne ihnen zuviel Informationen von vornherein aufzudrücken, sondern wirklich die Schüler selber (…) entwickeln lassen." (I 2)	**Menschenrechtspolitische Themen sollten offen unterrichtet werden.**
„Was ich mir abgeschaut habe, ist die Idee mit den Zufallsgruppen." (I 2) „Na ja, die Methode des sich Positionierens ist mir durchaus bekannt, wird aber von mir vorzugsweise in Klassen 5 bis 7 eingesetzt, wenn wir oben im ‚Wir-Zimmer' sind, weil dort einfach keine Tische zu beseitigen sind. Das heißt, es war eher so der Impuls, na ja, auch die Großen sollte man mal dazu animieren." (I 3)	**Neue Eindrücke für die eigene Unterrichtsgestaltung wurden erhalten.**
„Wissen mitnehmen können, das ist ganz klar (…)." (I 2)	**Das Faktenwissen konnte ausgebaut werden.**

Tabelle 9: Zusammenfassung der Lernerfahrungen der Lehrer

Die Lehrer wurden nicht nur zu ihren persönlichen Lernerfahrungen befragt, sondern auch, wie sie die Lernerfahrungen ihrer Schüler einschätzen. Auch hier wurde erwähnt, dass die Schüler ein hohes Maß an Wissen aus der stattgefundenen Unterrichtseinheit mitgenommen hätten. Jedoch gaben die interviewten Lehrer zusätzlich an, dass das Wissen, welches den Schülern vermittelt wurde, die bisher vorhandenen Kenntnisse über menschenrechtspolitische Themen bewusster gemacht hat:

> „[Es zeigte sich, dass] die Schüler wieder sehr überrascht waren über die inhaltlichen Erkenntnisse und dann auch sehr stark in die Diskussion eingestiegen sind." (I 2)

> „(...) sie haben inhaltlich Informationen gewonnen, die sie so vorher nicht hatten oder die ihnen vorher so klar nicht bewusst waren." (I 2)

Weiterhin wurde von den Lehrern angegeben, dass die Schüler ihren Blick auf die Bedürfnisse anderer Menschen richten mussten, und damit ihr Einfühlungsvermögen in einem hohen Maß weiter sensibilisiert haben.

> „(...) die Schüler sehr viel mitgenommen haben, auch inhaltlich und an Berührungen für sich selbst, also an Empathie." (I 2)

> „[Die] Reaktion einiger Schüler, die sehr berührt waren, und die sich auch sehr aufgeregt haben über bestimmte Informationen." (I 2)

Dass die Schüler durch die politischen Themen berührt wurden, zeigte sich beispielsweise daran, wie sie in Diskussionen und Zwiegesprächen auftraten. Dies verdeutlichte bereits das erste in diesem Zusammenhang genannte Zitat, als beschrieben wurde, dass die Schüler „dann auch sehr stark in die Diskussion eingestiegen sind." (I 2)

Schließlich wurde die Diskussionsfähigkeit der Schüler durch die Lehrenden angesprochen.

> „(...) dass sie sowohl inhaltlich als auch in der Übung im Diskutieren sehr viel mitgenommen haben." (I 2)

> „(...) sehr viel was das Argumentieren anbelangt." (I 3)

Im Interview gaben die Lehrer an, dass die Schüler durch die offenen Arbeitsformen in der stattgefundenen Unterrichtseinheit ihre Argumentationsfähigkeiten trainieren konnten. Dies bot sich gerade bei dem Thema Todesstrafe an, welches sehr kontrovers diskutiert werden kann.

Auch die Lernerfahrungen der Schüler werden in der folgenden Tabelle 10 zusammenfassend dargestellt. Dabei folgt die Tabelle dem gleichen Aufbau wie Tabelle 9.

Lernerfahrungen Schüler (aus Lehrersicht)	
Zitate aus den Interviews:	Daraus resultierende Lernerfahrung:
„(…) die Schüler wieder sehr überrascht waren über die inhaltlichen Erkenntnisse und dann auch sehr stark in die Diskussion eingestiegen sind.“ (I 2) „(…) sie haben inhaltlich Informationen gewonnen, die sie so vorher nicht hatten oder die ihnen vorher so klar nicht bewusst waren.“ (I 2) „[Ein] Aha-Erlebnis war für die Schüler auch inhaltlicher Art, für welche Straftaten es jeweils die Todesstrafe geben kann, da waren sie einfach so überrascht.“ (I 3)	**Das Bewusstsein für menschenrechtspolitische Themen wurde erhöht.**
„(…) die Schüler sehr viel mitgenommen haben, auch inhaltlich und an Berührungen für sich selbst, also an Empathie.“ (I 2) „[Die] Reaktion einiger Schüler, die sehr berührt waren, und die sich auch sehr aufgeregt haben über bestimmte Informationen.“ (I 2)	**Die Schüler haben ihr Einfühlungsvermögen weiter verfeinert.**
„(…) sie sowohl inhaltlich als auch in der Übung im Diskutieren sehr viel mitgenommen haben.“ (I 2) „(…) sehr viel was das Argumentieren anbelangt.“ (I 3)	**Die Schüler haben ihre Argumentationsfähigkeit weiter ausgebaut.**

Tabelle 10: Zusammenfassung der Lernerfahrungen der Schüler (aus Lehrersicht)

5.3.5 *Reflexion der Ergebnisse*

Im letzten Abschnitt wurden die Ergebnisse der Interviews 2 und 3 ausführlich vorgestellt. Auffällig für den Leser war dabei sicherlich, dass die Ausführungen zu den förderlichen als auch den hinderlichen Faktoren ausführlicher waren als die Darlegungen zu den Lernerfahrungen der Lehrer und der Schüler. Dies hat verschiedene Gründe: Ich vermute, dass die Lehrer mit der Frage: „Was haben Sie heute gelernt?" so kurz nach der stattgefundenen Unterrichtseinheit überfordert waren. Ihnen blieb kaum Zeit, das Gesehene und Erlebte zu verarbeiten, um schließlich eigene Schlussfolgerungen ziehen zu können. Ein Lehrer gab auf die Frage: „Welche Emotionen und Gedanken hat die Einheit bei Ihnen ausgelöst?" an:

> „Viel kann ich zu meinen Gedanken noch nicht sagen, da müsste ich länger drüber nachdenken." (I 2)

Dadurch sind die wenigen und teilweise wenig aussagekräftigen Aussagen innerhalb der Lernerfahrungen zu erklären. Weiterhin war es sicherlich für die Lehrer schwierig, die Lernerfahrungen der Schüler einzuschätzen, ohne sich dabei mit ihnen unterhalten zu können und dabei die Unterrichtseinheit gemeinsam auszuwerten. Möglicherweise wäre es sinnvoller gewesen, die Interviews mit den Lehrenden zu einem späteren Zeitpunkt durchzuführen. Zudem hätte man den Lehrern eine Art Arbeitsauftrag geben können, damit sie nicht unvorbereitet mit der komplexen Frage nach Lernerfahrungen konfrontiert werden.

Auch die Darlegungen zu den förderlichen als auch hinderlichen Faktoren sind, obgleich ausführlicher im Vergleich zu den Lernerfahrungen, nicht ausführlich genug. Innerhalb der Interviews hätte gezielter nachgefragt werden müssen. Wahrscheinlich wäre auch ein ausführlicherer Leitfaden für die Interviews sinnvoller gewesen. Diese genannten Kritikpunkte wurden mir allerdings erst durch die Auswertung deutlich. Dieses neu erworbene Wissen kann für folgende Untersuchungen genutzt werden.

5.4 Das Forschungstagebuch

Einen Tagebucheintrag vorzunehmen, schafft eine Möglichkeit, die eigene Person in den Mittelpunkt zu rücken. Sich selbst als professionell handelnde Person wahrnehmen und das eigene Handeln zu reflektieren, sind wesentliche Ziele eines Tagebucheintrags. (vgl. Fischer 2003, S. 699) „Darin liegt eine Chance, Erfahrungen zu strukturieren, zu verarbeiten und damit Theorien der eigenen beruflichen und sozialen Praxis zu entwickeln.“ (ebd.) Das bedeutet, dass das Aufschreiben eigener Gedanken zum einen hilft, das eigene Handeln zu analysieren und gegebenenfalls zu optimieren, und zum anderen kann ein solches Tagebuch zu einer Quelle für die Forschung werden. (vgl. ebd., S. 693) Spannend ist dabei, dass somit die Person, die das Tagebuch geschrieben hat, selbst in den Mittelpunkt des Forschungsprozesses rückt. In meiner Arbeit werden meine Aufzeichnungen über alle durch mich veranstalteten Unterrichtsstunden in die Untersuchung einfließen. Dadurch rücke ich mich und meine Gedanken in den Prozess der Untersuchung. Dies war der Grund, weshalb ich mich entschieden habe, diese Arbeit in der personalisierten Form zu schreiben.

Fischer (2003, S. 694f) hat einige Merkmale von Tagebucheinträgen dokumentiert. Diese sollen im Folgenden kurz wiedergegeben werden:

Der Tagebucheintrag ist:

- Flexibel: Er kann immer und jederzeit erfolgen. Hierfür wird lediglich Stift und Papier benötigt.
- Offen: Es gibt keine festgelegte Darstellungsform. Umfang und Stil des Aufschreibens können variieren.
- Kontinuierlich: Die Einträge erfolgen meist über einen längeren Zeitraum.
- Hilfreich für die Verarbeitung von Ereignissen: Der Eintrag schafft eine Stütze für Erinnerungen und schafft zudem noch die Möglichkeit, Auseinandersetzungen und Konflikte, mit anderen Personen oder sich selbst, aufzuschreiben, wodurch ein Verarbeitungsprozess angestoßen wird.
- Persönlich: Dadurch entsteht ein besonderer Bezug des Forschers zu seinem Untersuchungsgegenstand.

Flick (2007) gibt in seiner Beschreibung des Forschungstagebuchs den Hinweis, dass sich der Forscher bei seinen Aufzeichnungen „von folgender *Sparsamkeitsregel* (...) leiten lassen [sollte]: nur soviel aufzeichnen, wie er zur Beantwortung seiner Fragestellung unbedingt braucht.“ (Flick 2007, S. 378) Meiner Auffassung nach werden dadurch die Chancen, die ein Forschungstagebuch bietet, deutlich gemindert. Ich denke, in Anlehnung an die oben genannten Merkmale von Fischer (2003), dass die Dynamik beim Schreiben eines Tagebucheintrages deutlich sinkt, wenn überlegt wird, was von dem Erlebten wirklich wichtig war und was nicht. Möglicherweise spielen erlebte Situationen im Augenblick des Aufschreibens noch keine besondere Rolle für die Fragestellung, aber dies kann sich im Laufe des Forschungsprozesses ändern, beispielsweise weil zusätzliche Informationen hinzugekommen sind.

Meine persönlichen Aufzeichnungen zu fast jeder Unterrichtseinheit, die ich selbst zu einem menschenrechtspolitischen Thema durchgeführt habe, hatten das Ziel, meinen Unterrichtsstil weiter zu optimieren. Außerdem sah ich darin eine Chance, kritische Begebenheiten zu verarbeiten und zu hinterfragen. Meine Aufzeichnungen beginnen im Jahr 2006[33]. Meine Tagebucheinträge entstanden aus dem Wunsch heraus, eine Möglichkeit zu finden, um die Schulstunden für mich persönlich auswerten zu können. Hierfür überlegte ich mir eine Struktur für meine Berichte. Diese nahm ich zu jeder Schulstunde mit und füllte sie gleich nach der Unterrichtseinheit aus.

Dass diese Aufzeichnungen für diese Studie eine bedeutende Rolle spielen würden, habe ich zum damaligen Zeitpunkt nicht gewusst. Das hat den Vorteil, dass die Berichte alle meine Gedanken und Empfindungen wiedergeben, und zwar ohne dass dabei in meinem Hinterkopf die Leitfragen zu dieser Studie standen. Dadurch ist eine Fülle von Datenmaterial entstanden, welches von mir für diese Arbeit analysiert wurde.

5.4.1 Ziele

Es wurde bereits angesprochen, dass die Tagebucheinträge anfangs lediglich das Ziel hatten, meine persönliche Auseinandersetzung mit einer Schuleinheit zu erleichtern.

In meiner Studie sollen die Berichte beantworten, welche

1) Faktoren hemmend bzw. förderlich hinsichtlich der Verwendung von offenen Arbeitsformen wirken

und

2) welche Lernerfahrungen ich dabei beschrieben und somit erlebt habe.

Das heißt, dass meine Tagebucheinträge die Fragen beantworten sollen, die auch die Lehrer in den Interviews beantwortet haben.

---

[33] Auslöser war hier eine besonders schwierige Unterrichtssituation. Vergleiche Bericht Nummer 1 im Anhang.

5.4.2 Durchführung

Ich habe bereits angesprochen, dass ich mir eine Struktur für die Tagebucheinträge überlegt hatte. Diese bestand aus vier Bereichen.

Der erste Bereich wurde überschrieben mit „Allgemeine Daten" und sah wie folgt aus:

Schultyp	
Schulname	
Straße/Schulgebäude	
Klassenstufe	
Thema	
Besonderheiten	
Schüleranzahl	
Datum, Zeit	

Diese Übersicht wurde von mir bereits vor der Unterrichtseinheit ausgefüllt. In der Regel füllte ich diese Tabelle aus, wenn ich mit den Lehrern ein Vorgespräch führte. Dieses fand entweder persönlich[34], am Telefon oder über E-Mail-Kontakt statt. Unter dem Stichpunkt „Besonderheiten" notierte ich mir Auffälligkeiten, die mir die Lehrer über ihre Klasse nennen konnten. So war es beispielsweise immer hilfreich zu wissen, wenn ein Schüler in der Klasse nicht akzeptiert wurde. Auch wenn es sich um eine besonders ruhige oder lebhafte Klasse handelte, notierte ich mir dies. In dieser ersten Tabelle schrieb ich in dieser Spalte lediglich Stichpunkte auf.

Der zweite Punkt meiner vorgegebenen Struktur der Tagebucheinträge diente schließlich dazu, sowohl die notierten Besonderheiten einer Klasse als auch Auffälligkeiten im Lehrergespräch ausführlicher festzuhalten und wurde überschrieben mit „Besonderheiten vor der Schulstunde".

[34] Leider nahm sich seitdem ich in der Menschenrechtsbildung tätig bin lediglich eine Lehrerin die Zeit für ein persönliches Vorgespräch.

Im anschließenden dritten Abschnitt: „Auswertung nach der Einheit mit dem Lehrer" dokumentierte ich, wie ergiebig das Gespräch mit dem Lehrer nach der Unterrichtseinheit war. Ich hielt dabei fest, welche Beobachtungen der Lehrer während der Schulstunde machte und wie er diese bewertete. Leider nahm sich nicht jeder Lehrer Zeit für ein solches Nachgespräch. Wenn er dafür Gründe nannte, notierte ich mir diese ebenfalls.

Im letzten vierten Teil schrieb ich schließlich „Meine Gedanken über die Einheit" auf. Dabei ging ich unterschiedlich vor. Manchmal berichtete ich lediglich von einer Gegebenheit, die mich sehr beschäftigte, oder ich beschrieb den Ablauf der Schulstunde nochmals, mit allem was mir aufgefallen und in Erinnerung geblieben war.

Meine Aufzeichnungen fertigte ich immer direkt nach der Unterrichtseinheit an. Entweder blieb ich dafür noch in der Schule oder ich notierte mir die Auffälligkeiten auf dem Heimweg in der Straßenbahn. Um diese handschriftlichen Berichte besser auswerten zu können und schließlich auch, um dem Leser die Berichte zugänglich zu machen, digitalisierte ich sie. Dabei achtete ich darauf, die Berichte lediglich abzuschreiben, ohne dabei Beschönigungen, Auslassungen oder Ergänzungen vorzunehmen. Lediglich alle Zeit- und Ortsangaben wurden gelöscht bzw. durch ein xx ersetzt. Die Berichte wurden, basierend auf ihrer zeitlichen Entstehung, nummeriert. Die Angaben über Klassenstufe und Themen der Unterrichtseinheit wurden behalten. In dieser Studie habe ich mich auf die Unterrichtseinheit „Gemeinsam gegen die Todesstrafe"[35] festgelegt. Diese Einheit sahen alle Lehrer, sie wurde im 4. Kapitel näher vorgestellt. In meinen Tagebuchaufzeichnungen werden auch Berichte zu den Themen „Menschenrechte allgemein" und „Folter" zu lesen sein. Da es mein Ziel ist, allgemeine Aussagen über die Verwendung von offenen Arbeitsformen im Unterricht zu treffen, können auch diese Berichte in die Auswertung einbezogen werden, denn auch darin sind viele Hinweise und Bemerkungen über offene Arbeitsformen enthalten. Um die Berichte verstehen zu können, ist es für den Leser nicht erforderlich, die Unterrichtseinheiten zum Thema „Folter" und „Menschenrechte allgemein" in ihrem genauen Ablauf zu kennen. Eine Kurzbeschreibung der Einheiten findet sich im Anhang.

---

[35] Dieses Thema wird am häufigsten von Lehrern angefragt, weshalb ich mich hier darauf beschränkt habe.

Die Auswertung der Forschungstagebücher erfolgte analog zu den Interviews und wird im folgenden Abschnitt aufgeführt.

5.4.3 Ergebnisse

Die Präsentation der Ergebnisse wird in diesem Abschnitt, ähnlich der Darstellung der Interviews 2 und 3, in mehreren Teilen vorgestellt. Zu Beginn möchte ich die durch die Auswertung der Forschungstagebücher 1-13 ermittelten, förderlichen Faktoren im Unterricht mit offenen Arbeitsformen vorstellen; anschließend werden die hinderlichen Faktoren betrachtet. Die Lernerfahrungen werden den Abschluss der Ergebnisdarstellung bilden. Einzelne Auszüge aus den Forschungstagebüchern werden meine Aussagen unterstützen.

Grundlegend lässt sich sagen, dass eine möglichst kleine Gruppengröße ein wesentlicher Garant für die erfolgreiche Umsetzung von offenen Arbeitsformen im Unterricht ist. An dieser Stelle muss der Einwand stehen, dass der Lehrende nur in den seltensten Fällen Einfluss auf die Klassengröße ausüben kann und deshalb diesen wichtigen und förderlichen Faktor nicht bzw. kaum beeinflussen kann. Lehrern ist der Einfluss der Klassengröße aber durchaus bewusst:

> „Im Fazit stimmen wir beide [die Lehrerin und ich] überein: Alle Schüler waren an der Diskussion aktiv beteiligt, was ein eher seltenes Phänomen ist, was sicher auch durch die kleinere Klassengröße zu erklären ist (...).“[36] FT 9, S. 164, Z. 30-32

Der Unterricht mit offenen Arbeitsformen wird ebenfalls begünstigt, wenn der Schüler den Ablauf der Unterrichtseinheit kennt. Das beinhaltet u.a., dass der Schüler weiß, was als nächstes im Unterricht passiert und was dabei von ihm erwartet wird. Außerdem zeigen die Forschungstagebücher deutlich, wie wichtig es ist, dass die Schüler eine Begründung für den Ablauf erhalten, wenn diese verlangt wird. Ich erinnere an dieser Stelle an Kapitel 4.3.1: Als das Stimmungsbarometer beschrieben wurde, wurde ebenso der Hinweis gegeben, dass die Schüler manchmal mit dem Stuhlkreis nicht einverstanden sind und protestieren. Erfolgt aber eine ruhige und sachliche Begründung durch den Referenten, weshalb der Stuhlkreis notwendig ist, wird der Protest in den meisten Klassen eingestellt:

---

[36] In dieser Klasse waren 14 Schüler.

„Wenn aber eine ordentliche und nachvollziehbare Begründung für den Ablauf durch mich kam, war die Klasse schnell zufrieden zu stellen." FT 3, S. 151, Z. 79-80

In einer Klasse gab es ganz besonders heftige Proteste gegen den Stuhlkreis. Die Schüler wollten ihre normale Sitzordnung nicht aufgeben. Auch hier erklärte ich den Sinn eines Stuhlkreises, und die Schüler räumten die Tische beiseite, wenn auch nur widerstrebend. Jedoch passierte nach der Unterrichtseinheit Folgendes:

„Als ich zur Straßenbahn ging, traf ich dort einen Schüler der Klasse. Ohne zu Zögern kam er auf mich zu und sagte lediglich: ‚Sie hatten Recht. Wir konnten uns heute angucken, das war schöner zum Reden.'" FT 6, S. 158, Z. 67-69

Darin wird bereits ein weiterer förderlicher Faktor genannt: Eine angenehme Gesprächsatmosphäre muss vorhanden sein, wenn offene Arbeitsformen effektiv in den Unterricht integriert werden sollen. Das bedeutet, dass im Idealfall ein Stuhlkreis gebildet wird, sodass sich alle Schüler sowie der Lehrende ansehen können. Der Lehrende sitzt ebenfalls im Stuhlkreis, wodurch eine Distanz zum Schüler überwunden werden kann. Gegenseitiger Respekt sowie Akzeptanz von Ideen und Wünschen sowohl der Schüler als auch der Lehrenden tragen zusätzlich zu einer angenehmen Gesprächsatmosphäre bei:

„Außerdem fiel mir auf, dass sich die Kinder im Stuhlkreis, ohne dass ich es vorher explizit gesagt hatte, meldeten, wenn sie etwas sagen oder fragen wollten." FT 2, S. 147, Z. 53-54

Aus dem Punkt „gegenseitiger Respekt" resultiert weiterhin, dass der Schüler als individuelle Lernperson mit eigenen Ideen und Wünschen angesehen wird. Das bedeutet nicht, dass die Ideen der Schüler innerhalb der Klasse widerspruchslos umgesetzt werden können. Vielmehr steht dahinter, dass die Schüler durch offene Arbeitsformen ermutigt werden sollen, eigene Ideen zu entwickeln und zu präsentieren. Wenn diese Wünsche nicht umsetzbar sind, sollte der Lehrende eine entsprechende Begründung hierfür geben. Daraus resultiert wiederum, dass die Schüler die durch den Lehrenden eigens gebildeten Arbeitsformen akzeptieren. Ein anschauliches Beispiel liefert hierfür folgender Auszug:

„Die Lehrerin fragt mich, ob sie nicht den Hinweis geben soll, dass man das Quiz allein auszufüllen hat. Ich verneine natürlich. Ich finde es spannend, dass die Schüler mit ihrem Nachbarn über mein Quiz reden und trotzdem Ruhe herrscht. Zudem bemerke ich, dass es sich bei den meisten Gesprächen wirklich um das Quiz handelt und keine anderen Themen." FT 3, S. 150, Z. 42-45

Diese Akzeptanz des Lehrenden gibt dem Schüler notwendige Freiräume innerhalb von offenen Arbeitsformen. Dadurch kann der Schüler eigene Ideen entwickeln oder seine Interessen weiterentwickeln. Freiraum bedeutet in diesem Zusammenhang aber auch, dass der Lehrende von seinem geplanten Vorgehen abweichen kann und den Wünschen der Schüler entspricht bzw. den Schülern an den Stellen mehr Zeit einräumt, an denen die Schüler diese benötigen. Dies kann zum Beispiel bei Diskussionen oder Verständnisfragen so sein.

> „Nach kurzem Überlegen entschied ich mich, meinen geplanten Ablauf über den Haufen zu werfen und den Schülern das Wort zu geben." FT 6, S. 157, Z. 43-45

> „Am Ende der Einheit sagten mir einige Schüler noch, dass sie es gut fanden, dass ich meinen geplanten Weg umgestaltet habe und auf ihre Wünsche eingegangen bin. Ich fand diese Rückmeldung sehr schön. Sie bestätigt mal wieder, dass ich schauen muss, was die Schüler erwarten, und ob ich dies erfüllen kann. Mitbestimmung ist schließlich auch ein Menschenrecht, warum sollte das in der Menschenrechtsbildung nicht umgesetzt werden?" FT 10, S. 170, Z. 77-81

Die folgende Tabelle 11 stellt eine Zusammenfassung aller förderlichen Faktoren, die durch die Auswertung der Forschungstagebücher 1-13 ermittelt wurden, dar. Einige bereits genannten Zitate aus den Forschungstagebüchern werden in der Tabelle wieder zu lesen sein. Zudem gibt es weitere Zitate, die eine Aussage stützen. Die Tabelle setzt sich aus drei Spalten zusammen, wobei in der ersten Spalte die Zitate stehen. Aus diesen wurden allgemeine Schlussfolgerungen abgeleitet, die in Spalte zwei zu finden sind. Spalte drei stellt konkrete Möglichkeiten dar, wie die Umsetzung im Unterricht aussehen kann.

Förderliche Faktoren		
Zitate aus den Forschungstagebüchern 1-13	Der Unterricht mit offenen Arbeitsformen kann durch folgende Konstellationen begünstigt bzw. gefördert werden:	Konkret kann das im Unterricht bedeuten:
„Wieder erkläre ich den Hintergrund (...).“ FT 3, S. 150, Z. 59 „Wenn aber eine ordentliche und nachvollziehbare Begründung für den Ablauf durch mich kam, war die Klasse schnell zufrieden zu stellen.“ FT 3, S. 151, Z. 79-80	**Die Schüler kennen den Ablauf der Unterrichtseinheit bzw. der Arbeitsform.**	• Die Unterrichtsplanung wird vorgestellt und erläutert. • Wenn nötig, wird eine Begründung für einzelne Elemente des Unterrichts gegeben.
„Ich versuche alle Rechte, die die Kinder aufgeschrieben haben, ernst zu nehmen und hänge sie mit auf.“ FT 2, S. 147, Z. 39-40 „Immer mehr Kinder trauen sich und fragen nach (...). Das zeigt mir, dass sie Vertrauen zu mir gewonnen haben.“ FT 2, S. 147, Z. 49-50	**Der Schüler wird als individuelle Lernperson mit eigenen Ideen und Fragen wahrgenommen.**	• Wünsche der Schüler werden aufgenommen und mit der Klasse besprochen. • Bei nicht umsetzbaren Ideen der Schüler wird erläutert, weshalb sie nicht umsetzbar sind.
„Außerdem fiel mir auf, dass sich die Kinder im Stuhlkreis, ohne dass ich es vorher explizit gesagt hatte, meldeten, wenn sie etwas sagen oder fragen wollten.“ FT 2, S. 147, Z. 53-54 „Ein Schüler sagte sogar, dass er es ‚cool’ fand, heute mal anders gesessen zu haben.“ FT 2, S. 147, Z. 65-66	**Eine angenehme Gesprächsatmosphäre ist vorhanden.**	• Alle Schüler können sich beim Sprechen ansehen. • Die Schüler respektieren sich und ihre Ideen und Antworten untereinander. • Schüler und Lehrer sind gleichberechtigt.

„Immer mehr Kinder trauen sich und fragen nach, wenn sie einen Begriff nicht verstanden haben. Das zeigt mir, dass sie Vertrauen zu mir gewonnen haben.“ FT 2, S. 147, Z. 49-50		
„Bei der ersten Gruppenarbeit wollte er nicht mehr in seiner Gruppe arbeiten, weil nach seiner Ansicht die Gruppe ‚dumm‘ sei und das Thema ‚nicht kapieren‘ würde. Er sagte mir, was er für Rechte aufschreiben würde, und ich schlug vor, diese Rechte in seiner Gruppe vorzustellen, was sogar funktionierte.“ FT 2, S. 148, Z. 71-74	**Es wird versucht, ausgegrenzte Schüler in die Gruppe zu integrieren.**	• Der Lehrende nimmt eine Vermittlerposition zwischen der Gruppe und dem ausgeschlossenen Schüler ein.
„Nach kurzem Überlegen entschied ich mich, meinen geplanten Ablauf über den Haufen zu werfen und den Schülern das Wort zu geben.“ FT 6, S. 157, Z. 43-45 „Jedenfalls bin ich sehr froh darüber, dass ich von meiner Planung abgewichen bin und den Schülern die Zeit zum Reden gegeben habe, die sie beansprucht haben.“ FT 6, S. 158, Z. 71-72 „Auch hier vereinbaren wir, dass wir die Schüler entscheiden lassen, welches Thema sie mehr interessiert.“ FT 10, S. 168, Z. 10-11 „Jedenfalls äußerten die Schüler gleich zu Beginn ihre Enttäuschung und forderten ihr ‚Wunsch'-Thema ein. Ich überlegte eigentlich nur sehr kurz und bot den Schülern [einen] Kompromiss an.“ FT 10, S. 168, Z. 26-28	**Freiräume werden in den Unterricht integriert und der Lehrende unterrichtet flexibel.**	• Der Lehrende ist in der Lage, von seiner Planung abzuweichen, um den Schülern Freiräume zum selbstständigen Problemlösen zu geben. • Wenn der Lehrende die Gelegenheit hat, dass Schüler über die inhaltliche Gestaltung von Unterricht mitentscheiden können, wird ihnen diese Möglichkeit auch gegeben.

„Ich finde, auch wenn natürlich die Unterrichtseinheiten in der Schule während der Schulstunden stattfinden, sollten eine gewisse Freiheit bei der Themenwahl und somit auch eine Freiwilligkeit gegeben sein.“ FT 10, S. 169, Z. 38-40		
„Die Lehrerin fragt mich, ob sie nicht den Hinweis geben soll, dass man das Quiz allein auszufüllen hat. Ich verneine natürlich. Ich finde es spannend, dass die Schüler mit ihrem Nachbarn über mein Quiz reden und trotzdem Ruhe herrscht. Zudem bemerke ich, dass es sich bei den meisten Gesprächen wirklich um das Quiz handelt und keine anderen Themen.“ FT 3, S. 150, Z. 42-45	**Von den Schülern eigens gebildete Arbeitsformen werden durch den Lehrenden angenommen und toleriert.**	• Der Lehrende vertraut seinen Schülern. • Der Lehrende zieht sich zurück, während die Schüler selbstständig arbeiten.
„Im Fazit stimmen wir beide [die Lehrerin und ich] überein: Alle Schüler waren an der Diskussion aktiv beteiligt, was ein eher seltenes Phänomen ist, was sicher auch durch die kleinere Klassengröße zu erklären ist (…).“ FT 9, S. 164, Z. 30-32	**Die Gruppengröße ist möglichst klein.**	*Leider kann der Lehrende auf die Gruppengröße selten Einfluss ausüben.*

Tabelle 11: Zusammenfassung der genannten förderlichen Faktoren aus den Forschungstagebüchern 1-13

Nach dieser ausführlichen Darstellung der förderlichen Faktoren werden im nächsten Abschnitt die Faktoren genannt, die als hinderlich im Unterricht mit offenen Arbeitsformen ermittelt wurden.

Grundsätzlich lässt sich sagen, dass offene Arbeitsformen einer intensiven Vorbereitung durch den Lehrenden bedürfen, der dabei seine zur Verfügung stehende Zeit berücksichtigt. Der Unterricht mit offenen Arbeitsformen wird dann erschwert, wenn nicht genügend Zeit eingeplant worden ist:

> „Als ich beginnen wollte, ziemlich hektisch und überhastet mit der Zeit im Hinterkopf, wollten die Schüler nicht so, wie ich wollte (…)." FT 1, S. 145, Z. 46-47

Dadurch kann es passieren, dass die Schüler ihre Ergebnisse nicht oder nur unzureichend präsentieren können, wodurch wiederum die Motivation der Schüler, sich am Unterricht zu beteiligen, sinken kann. Auch ist eine unzureichende Zeitplanung während der Denk- und Kreativitätsphasen der Schüler als hinderlich anzusehen. Deshalb sinken die Motivation der Schüler und ihre Bereitschaft mitzuarbeiten. Die Anwendung von offenen Arbeitsformen im Unterricht kann ebenfalls durch den Lehrenden erschwert werden, wenn er seine Schüler in ihrer Kreativitäts- und Denkphase einengt. Hierzu zählt nicht nur, dass er ihnen zu wenig Zeit zur Verfügung stellt, sondern auch, dass er beispielsweise durch zu starre Regeln die Schüler in ihrer Bewegungsfreiheit einschränkt:

> „Zum Quiz waren die Schüler ruhig, was aber auch daran lag, dass der Lehrer im Stuhlkreis umherging und schaute, dass auch jeder allein arbeitet." FT 8, S. 162, Z. 57-59

> „Zudem sagt sie zu mir sinngemäß: Man dürfe sich als Leiterin einer Klasse nicht das ‚Zepter' aus der Hand nehmen lassen." FT 6, S. 156, Z. 18-19

In die Vorbereitungsphase von offenen Arbeitsformen durch den Lehrenden gehört auch, dass der Unterricht auf die jeweilige Klasse in Bezug auf die Schüleranzahl geplant wird. Sobald beispielsweise geplante Kleingruppenarbeiten nicht funktionieren, weil die Schüler nicht richtig auf die Kleingruppen aufgeteilt wurden, entsteht Unruhe in der Klasse, was ein effektives Arbeiten nicht fördert.

> „(…) gab es ein heilloses Durcheinander, statt 4 Gruppen mit jeweils 5 Schülern hatte ich plötzlich 2 Gruppen und viele ‚übrig gebliebene' Schüler (…)." FT 1, S. 145, Z. 58-59

Auch muss den Schülern Material zum Bearbeiten einer Aufgabe zur Verfügung gestellt werden. Wenn dieses unzureichend oder unvollständig ist, wirkt sich dies ebenfalls negativ auf den Unterrichtsverlauf aus.

„Ich konnte die Schüler deshalb während der Gruppenarbeit nicht mit Material ausstatten wie sonst. Dadurch benötigten die Schüler deutlich mehr Zeit zum Überlegen.“ FT 7, S. 160, Z. 51-53

Ein weiterer hinderlicher Faktor ist, wenn zwei Lehrende einer Klasse keine deutliche Aufgabentrennung vornehmen, wodurch die Schüler nicht wissen, welcher Lehrende ihr Ansprechpartner zu einem bestimmten Thema ist. Auch können durch eine ungenügende Absprache von zwei Lehrenden widersprüchliche Aussagen für die Schüler entstehen:

„Durch die Einmischung des Lehrers und durch seine teilweise von meinen Anweisungen abweichenden Einwürfe kamen die Kinder total durcheinander und ich konnte deutlich merken, dass sie sich nicht sicher waren, auf wen sie jetzt hören müssen.“ FT 8, S. 163, Z. 74-77

Der Fall, dass in einer Klasse zwei Lehrer unterrichten, ist vielleicht selten, kann aber vorkommen, beispielsweise wenn externe Experten in den Unterricht eingeladen werden. Aus meiner Sicht ist der letzte ermittelte hinderliche Faktor auch der schwerwiegendste: Der Lehrende beeinflusst die Schüler durch persönliche Meinungsäußerungen. Die folgende Situation gibt ein Beispiel hierfür wieder. Hier hat der Lehrer zwar nicht durch verbale Äußerungen seine persönliche Meinung geäußert, die nonverbale Kommunikation war hingegen eindeutig:

„Beim Stimmungsbarometer schoss der Lehrer dann den Vogel ab. Er machte mit und stellte sich bei den Sätzen: ‚Mörder haben keine Menschenwürde’ oder ‚Die Todesstrafe ist abschreckend’ auf die STIMMT-Seite. Die Schüler schauten irritiert und wussten nicht so recht, wo sie sich nun hinstellen sollten. Zumal der Lehrer auch noch seine Arme dabei verschränkte und demonstrativ auf der STIMMT-Seite stehen blieb. Dadurch positionierten sich einige Schüler um, sie waren eindeutig unsicher.“ FT 8, S. 162, Z. 61-66

Im 3. Kapitel wurde in Abschnitt 3.4 auf den Beutelsbacher Konsens hingewiesen. Schüler müssen dazu ermuntert werden, ihre eigene Meinung darstellen und vertreten zu dürfen. Themen, die in der Politik von vielen verschiedenen Standpunkten aus diskutiert werden, müssen auch in der Schule kontrovers zum Unterrichtsgegenstand gemacht werden. Ich denke, dass in dem gerade wiedergegebenen Auszug der Lehrer durch seine offensichtliche Haltung eine Meinung demonstriert hat, die die Schüler verunsichert hat und wahrscheinlich dazu bewegt hat, ihre eigene Meinung nicht zu äußern. Die Schüler werden durch derartiges Verhalten eingeschüchtert. Das ist aus meiner Sicht der hinderlichste Faktor bei der Verwendung von offenen Arbeitsformen im Unterricht. Doch auch wenn offene Arbeitsformen im Unterricht nicht zur

Anwendung kommen, darf der Lehrer seine Meinung nicht demonstrativ vor den Schüler äußern.

Die folgende Tabelle 12 ist ähnlich der förderlichen Faktoren eine Zusammenfassung aller in den Forschungstagebüchern 1-13 erwähnten hinderlichen Faktoren bei der Verwendung von offenen Arbeitsformen im Unterricht.

Hinderliche Faktoren		
Zitate aus den Forschungstagebüchern 1-13	Der Unterricht mit offenen Arbeitsformen kann durch folgende Konstellationen erschwert bzw. behindert werden:	Konkret kann das im Unterricht bedeuten:
„Als ich beginnen wollte, ziemlich hektisch und überhastet mit der Zeit im Hinterkopf, wollten die Schüler nicht so, wie ich wollte (…).“ FT 1, S. 145, Z. 46-47 „Aufgrund der Zeit konnte ich keine Gruppenarbeit machen, um Argumente zu sammeln (…).“ FT 4, S. 153, Z. 35	**Es ist nicht genügend Zeit eingeplant worden.**	• Die Schüler können ihre Ergebnisse nur teilweise oder überhaupt nicht mehr präsentieren. • Der Lehrende gibt den Schülern keine Zeit zum selbstständigen Arbeiten. • Die Schüler haben keine oder nur ungenügende Denkphasen.
„Der Lehrer mischte sich ein und forderte tatsächlich, dass die Kinder geordnet den Raum (…) verlassen sollten.“ FT 2, S. 147, Z. 59-61 „Zudem sagt sie zu mir sinngemäß: Man dürfe sich als Leiterin einer Klasse nicht das ‚Zepter‘ aus der Hand nehmen lassen.“ FT 6, S. 156, Z. 18-19 „Zum Quiz waren die Schüler ruhig, was aber auch daran lag, dass der Lehrer im Stuhlkreis umherging und schaute, dass auch jeder allein arbeitet.“ FT 8, S. 162, Z. 57-59	**Die Schüler werden durch den Lehrenden innerhalb ihrer Arbeits- und Kreativitätsphase eingeengt.**	• Der Lehrende stellt allein die Regeln auf, die alle Schüler befolgen müssen. • Die Schüler haben kein Mitspracherecht.

„Es handelte sich nicht um 29 Schüler, wie mir die Lehrerin am Telefon mitgeteilt hatte, sondern lediglich um 20 Schüler." FT 1, S. 145, Z. 51-53 „(…) gab es ein heilloses Durcheinander, statt 4 Gruppen mit jeweils 5 Schülern hatte ich plötzlich 2 Gruppen und viele ‚übrig gebliebene' Schüler (…)." FT 1, S. 145, Z. 58-59 „Ich konnte die Schüler deshalb während der Gruppenarbeit nicht mit Material ausstatten wie sonst. Dadurch benötigten die Schüler deutlich mehr Zeit zum Überlegen." FT 7, S. 160, Z. 51-53	**Der Unterricht wurde aufgrund falscher Informationen fehlerhaft vorbereitet.**	• Die Aufteilung der Schüler in Kleingruppen funktioniert nicht, wodurch unterschiedlich große Gruppen entstehen oder sogar Schüler übrig bleiben. • Das Material für die Schüler ist falsch oder unvollständig.
„Beim Stimmungsbarometer schoss der Lehrer dann den Vogel ab. Er machte mit und stellte sich bei den Sätzen: ‚Mörder haben keine Menschenwürde' oder ‚Die Todesstrafe ist abschreckend' auf die STIMMT-Seite. Die Schüler schauten irritiert und wussten nicht so recht, wo sie sich nun hinstellen sollten. Zumal der Lehrer auch noch seine Arme dabei verschränkte und demonstrativ auf der STIMMT-Seite stehen blieb. Dadurch positionierten sich einige Schüler um, sie waren eindeutig unsicher." FT 8, S. 162, Z. 61-66	**Die Schüler werden durch die persönliche Meinung des Lehrers beeinflusst.**	• Der Lehrende verunsichert die Schüler durch persönliche und absichtliche Meinungsäußerungen. • Der Lehrende verunsichert und verschüchtert seine Schüler durch eine demonstrative Darstellung seiner persönlichen Meinung.

Tabelle 12: Zusammenfassung der genannten hinderlichen Faktoren aus den Forschungstagebüchern 1-13

Die abschließende Auswertung der Forschungstagebücher wird meinen persönlichen Lernerfahrungen gewidmet. Innerhalb der Darstellung der Lernerfahrungen der Lehrer erklärte ich bereits, dass ich unter Lernerfahrungen neue Erkenntnisse verstehe, die helfen, dass eigene Handeln zu verbessern.

Generell kann ich als zentrales Ergebnis festhalten, dass mir die Bedeutung einer regelmäßigen und umfangreichen Auswertung jeder Schuleinheit bewusster geworden ist. Das bedeutet, dass ich mir selbst häufiger Fragen stelle und versuche zu ergründen, weshalb eine Schuleinheit besonders gut funktioniert hat und weshalb nicht. Ich habe bemerkt, dass mir durch das Aufschreiben meiner Gedanken die Verarbeitung der Unterrichtseinheit deutlich leichter fällt. Durch diesen Weg ist es mir möglich, das eigene Handeln im Unterricht zu reflektieren und Verbesserungsideen zu sammeln:

> „Ich sollte versuchen, in Klassen, in denen die Diskussion bzw. die Beteiligung träge ist, die Schüler einfach anzusprechen. Sicherlich kommt dieses Vorgehen nicht überall gut an, ich werde es in den nächsten Klassen versuchen." FT 10, S. 169, Z. 52-55

Eine weitere Erfahrung, die ich gemacht habe, ist, dass die Unterrichtsinhalte innerhalb der Schulklassen zwar oftmals ähnlich sind, aber dass jede Klasse anders ist und ich mich auf jede Klasse neu einlassen muss. Die Schulklassen reagieren und agieren unterschiedlich. So muss ich abschätzen können, ob eine Klasse allein arbeiten kann oder ob Hilfestellungen notwendig sind. Fragen, die sich mir dabei beispielsweise stellen, sind: Wann muss ich eingreifen? Brauchen die Schüler die Redepause, um zu überlegen, oder langweilen sie sich? Wann sollte ich einen neuen Anstoß zur Diskussion geben?

Daraus resultiert, dass ich gelernt habe, wie wichtig es ist, dass ich meine eigene Meinung so lange wie möglich zurückhalten kann. Damit ist nicht gemeint, dass die Schüler wissen, welchen Standpunkt ich hinsichtlich der Todesstrafe vertrete. Dies mache ich gleich zu Beginn der Unterrichtseinheit deutlich. Vielmehr wird damit umschrieben, dass gerade innerhalb von Diskussionen die Schüler ihre Meinung und Position darstellen sollen, ohne dass ich dabei eingreife und neue Argumente in die Diskussion trage.

> „Die Kinder kamen allein auf die Idee, dass man dieses Recht auf Todesstrafe nicht mit den geltenden Menschenrechten vereinbaren kann. An dieser Stelle bin ich stolz auf mich, dass ich mich und meine Meinung so lange zurückhalten konnte." FT 2, S. 147, Z. 45-47

Im Umgang mit dem Lehrenden einer Klasse habe ich ebenfalls ein wichtiges Resümee ziehen können. So muss ich auf die Durchführung eines Vorgesprächs bestehen, dies kann über verschiedene Wege, wie Telefon, E-Mail oder ein persönliches Treffen, zustande kommen. Dabei werden nicht nur Besonderheiten der jeweiligen Klasse besprochen, sondern auch die konkreten Aufgaben des Lehrers in seiner Klasse, während ich als Referentin agiere. Wichtig dabei ist, dass beispielsweise ein Handzeichen ausgemacht wird, das ich dem Lehrer dann gebe, wenn er helfend eingreifen muss.

> „Ab jetzt werde ich vor jeder Unterrichtsstunde mit dem jeweiligen Lehrer klären, dass er bei dem Stimmungsbarometer nicht mitmachen soll, weil das die Schüler zu sehr beeinflusst. Auch werde ich abklären, dass ich ein Zeichen gebe, falls ich die Unterstützung des Lehrers brauche, zum Beispiel wenn Disziplinprobleme auftreten." FT 8, S. 162, Z. 71-74

Wenn meine Wünsche hinsichtlich der Unterrichtsgestaltung nicht erfüllt werden können, muss ich leider die geplante Unterrichtseinheit absagen. Wenn beispielsweise keine 90 Minuten dauernde und zusammenhängende Unterrichtszeit zur Verfügung steht, kann keine effektive Unterrichtseinheit durchgeführt werden.

> „Ich kann nur nochmal unterstreichen, dass keine Kompromisse mehr hinsichtlich der Zeit gemacht werden dürfen!" FT 5, S. 155, Z. 35-36

Die letzte Tabelle in meinen Ergebnisdarstellungen fasst alle genannten Lernerfahrungen zusammen. Dabei unterscheidet sich diese Tabelle 13 von den Zusammenfassungen der Lernerfahrungen der Lehrer und der Schüler. Es wurde eine dritte Spalte „Konsequenzen aus den Lernerfahrungen" eingefügt. Diese Spalte konnte ich für die Lehrer nicht einfügen, da ich dann der Gefahr gegenübergestanden hätte, zuviel in die Aussagen hinein zu interpretieren. Bei den Forschungstagebüchern konnte mir das nicht passieren, da ich diese selbst geschrieben habe.

Lernerfahrungen		
Zitate aus den Forschungstagebüchern 1-13:	Daraus resultierende persönliche Lernerfahrungen:	Konsequenzen aus den Lernerfahrungen:
„Zukünftig werde ich einen leeren Bericht mitnehmen, um meine Gedanken gleich in der Schule (nach der Schuleinheit) aufschreiben zu können.“ FT 1, S. 145, Z. 35-36 „Ich kann mir nicht erklären, weshalb bei dem schlechten Start die Schüler noch so gut mitgearbeitet haben. Es kann doch nicht nur daran liegen, dass ich ihnen erlaubt habe, sich nicht melden zu müssen, sondern einfach reden zu können.“ FT 4, S. 153, Z. 40-42 „Ich sollte versuchen, in Klassen, in denen die Diskussion bzw. die Beteiligung träge ist, die Schüler einfach anzusprechen. Sicherlich kommt dieses Vorgehen nicht überall gut an, ich werde es in den nächsten Klassen versuchen.“ FT 10, S. 169, Z. 52-55	**Das Verständnis für die Wichtigkeit einer ausführlichen Auswertung jeder durchgeführten Unterrichtseinheit ist gewachsen.**	• Ich stelle mir selbst häufiger Fragen. • Ich schreibe meine Gedanken und das, was mir besonders aufgefallen ist, auf.
„Irgendwann hielt ich mich zurück und wartete ab, was mir sehr schwer fiel. Aber es kam der Punkt, an dem die Klasse selbst die Schülerin darauf hinwies, dass ihre Argumente bereits ausreichend dementiert wurden.“ FT 6, S. 157, Z. 51-54	**Auch wenn die Inhalte immer die gleichen sind, sind die Schulklassen verschieden. Ich muss mich auf jede Klasse neu einlassen können.**	• Ich zeige den Schülern, dass ich ihre Antworten, auch wenn sie nicht mit meinen Überzeugungen übereinstimmen, respektiere.

„Lediglich als das Recht auf die Todesstrafe genannt wird, hadere ich mit mir: Eigentlich muss auch dieses Recht aufgehängt werden. Ich hänge es an die Seite, neben die Menschenrechte, und bespreche mit allen Kindern, warum wir dieses Recht nicht aufhängen können.“ FT 2, S. 147, Z. 40-43		
„Die Kinder kamen allein auf die Idee, dass man dieses Recht auf Todesstrafe nicht mit den geltenden Menschenrechten vereinbaren kann. An dieser Stelle bin ich stolz auf mich, dass ich mich und meine Meinung so lange zurückhalten konnte.“ FT 2, S. 147, Z. 45-47	**Ich habe erfahren, wie wichtig es ist, meine eigene Meinung so lange wie möglich zurückzuhalten.**	• Ich kommentiere eine Diskussion unter Schülern nicht, sondern beobachte lediglich.
„Fazit: Keine Kompromisse mehr, entweder der Lehrer kann 90 Minuten von seinem Unterricht zur Verfügung stellen, oder wir können die Menschenrechtsbildung in seiner Klasse nicht durchführen. Um effektiv arbeiten zu können, Zeiträume offen lassen zu können und um diskutieren zu können, braucht es eben Zeit!“ FT 4, S. 153, Z. 49-52 „Ich kann nur nochmal unterstreichen, dass keine Kompromisse mehr hinsichtlich der Zeit gemacht werden dürfen!“ FT 5, S. 155, Z. 35-36	**Ich muss auf die Durchsetzung meiner Wünsche innerhalb der Unterrichtseinheit gegenüber dem Lehrenden bestehen.**	• Werden meine Wünsche hinsichtlich der Sitzordnung durch den Lehrenden nicht respektiert, kann ich die Unterrichtseinheit nicht durchführen. • Wenn der Lehrende keine 90 Minuten für die Unterrichtseinheit zur Verfügung stellen kann, wird die Unterrichtseinheit nicht durchgeführt.

„Ab jetzt werde ich vor jeder Unterrichtsstunde mit dem jeweiligen Lehrer klären, dass er bei dem Stimmungsbarometer nicht mitmachen soll, weil das die Schüler zu sehr beeinflusst. Auch werde ich abklären, dass ich ein Zeichen gebe, falls ich die Unterstützung des Lehrers brauche, zum Beispiel wenn Disziplinprobleme auftreten.“ FT 8, S. 162, Z. 71-74	**Mir ist die Bedeutung von Vorgesprächen mit dem Lehrer bewusster geworden.**	• Ich bestehe auf der Durchführung von Vorgesprächen mit dem Lehrenden entweder durch Telefon, E-Mail oder ein persönliches Treffen. • Kann kein Vorgespräch stattfinden, wird die Unterrichtseinheit nicht durchgeführt.

Tabelle 13: Zusammenfassung der Lernerfahrungen aus den Forschungstagebüchern 1 bis 13

5.5 Zusammenfassung der Ergebnisse

In diesem Kapitel wurde nach einer theoretischen Einführung in die Grundsätze der qualitativen Sozialforschung das problemzentrierte Interview in seinen Grundzügen vorgestellt und diese Erkenntnisse wurden auf die Interviews mit den Lehrern übertragen. Im Folgenden konnte beschrieben werden, wie die problemzentrierten Interviews transkribiert und ausgewertet wurden. Eine ausführliche Ergebnisdarstellung schloss sich an. Grundlegende Ergebnisse waren, dass als förderliche Faktoren die interviewten Lehrenden nannten, dass Gruppen, die zusammenarbeiten sollen, so gebildet werden, dass ein lernförderliches Klassenklima entstehen kann. Beide Interviewpartner gaben an, dass dieser Punkt besonders bedeutend ist, wenn offene Arbeitsformen effektiv in den Unterricht integriert werden sollen. Daneben gingen die Interviewpartner darauf ein, dass es wichtig ist, dass eine angenehme Gesprächatmosphäre vorhanden ist und ein entsprechend bewegliches Raumkonzept existiert. Im Gegenzug sagten die Lehrenden, dass ein schlechtes und negativ geprägtes Klassenklima als hinderlich zu bezeichnen ist. Darunter ist beispielsweise zu verstehen, dass es in einer Klasse eine ausgeprägte Cliquenbildung gibt, die einzelne Schüler bewusst ausgrenzt. Unmotivierte sowie überforderte Schüler wurden ebenfalls als hinderlich beschrieben, wenn offene Arbeitsformen im Unterricht funktionieren sollen. An dieser Stelle muss ich allerdings anmerken, dass für mich die Frage entsteht, weshalb die Schüler unmotiviert sind und ‚keine Lust' haben mitzuarbeiten. Diese Frage entstand bei mir während des Auswertungsprozesses und verstärkte sich zusätzlich durch folgenden Hinweis eines Interviewpartners:

> „Wobei ich noch dazu sagen muss, dass es mir häufig auffällt, dass die Schüler diese offenen Arbeitsformen häufig nicht so mögen, (...). Also, dieser Frontalunterricht, der ja häufig auch einfach so schlecht gemacht wird, die Schüler mögen das manchmal ganz sehr, dass sie selber nicht soviel sich einbringen müssen." (I 2)

Leider konnte ich aufgrund der zeitlichen Bedingungen dieser Frage nicht nachgehen, und kann deshalb lediglich den Hinweis geben, dass es an dieser Stelle interessant wäre, eine weitere Untersuchung durchzuführen.

Die Frage nach den Lernerfahrungen der Lehrer wurde zwar durch die Interviewpartner beantwortet, ich schrieb aber bereits, weshalb ich glaube, dass die Antworten so kurz ausfielen. Ein schönes Ergebnis ist, dass die Lehrenden angaben, dass sie durch die miterlebte Unterrichtseinheit neue Impulse für die eigene Gestaltung des Unterrichts bekommen haben. Die Lernerfahrungen der Schüler, die die Lehrer eingeschätzt haben, sind aus meiner Sicht ebenfalls als positives Ergebnis zu betrachten, da die Lehrer angaben, dass die Schüler ihr Bewusstsein für menschenrechtspolitische Themen erhöhen konnten. Daneben wurden grundlegende Kompetenzen der Schüler geschult. In Kapitel 3.4 wurde beschrieben, welche Kompetenzen beim Schüler der „Dreiklang der Menschenrechte“ fördert. Dort wurde gezeigt, dass Empathiefähigkeit und das Hineinversetzen in andere Menschen zu grundlegenden Kompetenzen gezählt werden können. In Kapitel 2.1 wurde von sozialen Kompetenzen gesprochen, deren Ausbildung beim Schüler die Schule unterstützen muss. Dadurch bestätigen die Ergebnisse der Interviews die anfangs aufgestellte Annahme, dass durch offene Arbeitsformen Lernerfahrungen erlebt werden. Die zweite Annahme, dass offene Arbeitsformen lernförderlich sind und einen inhaltlichen Zugang zu einem Thema erleichtern, konnte bereits durch das Kapitel 2 gezeigt werden und wurde durch die Aussagen der Interviewpartner zusätzlich gestützt.

Der zweite Teil der empirischen Untersuchung galt meinen Forschungstagebüchern. Auch hier wurde anfangs für den Leser eine theoretische Grundlage geschaffen, in der auch beschrieben wurde, wie die Tagebücher entstanden sind. Die ausführliche Ergebnisdarstellung lehnte sich in ihrer Struktur an die Ergebnisdarstellungen der Interviews an. Innerhalb der förderlichen und der hinderlichen Faktoren gibt es Nennungen, die sowohl in den Forschungstagebüchern standen, als auch von den Interviewpartnern angegeben wurden. So war es beiden Seiten wichtig, dass die Schüler Freiräume zum selbstständigen Arbeiten erhalten und eine angenehme Gesprächsatmosphäre sowie ein offenes Raumkonzept vorhanden sind. Bei den hinderlichen Faktoren gab es lediglich hinsichtlich der Bedeutung einer gut organisierten Zeitplanung Übereinstimmung. Interessant ist, dass ein Interviewpartner angab, dass er es als hinderlich betrachtet, wenn man offene Arbeitsformen in Klassen anwendet, die man als Lehrer nicht kennt. Dazu muss ich sagen, dass ich die Klassen, die ich – wenn auch nur kurzzeitig – unterrichte, vorher nicht sehe, demzufolge nicht kenne und dennoch den Unterricht mit offenen Arbeitsformen gestalte.

Die Frage nach meinen persönlichen Lernerfahrungen konnte ausführlich beantwortet werden. Besonders hervorzuheben ist hierbei, dass mir die Bedeutung einer umfangreichen Auswertung und Auseinandersetzung mit jeder stattgefundenen Unterrichtseinheit bewusster geworden ist. Auch ist hervorzuheben, dass ich im Laufe meiner

Tätigkeit als Menschenrechtsbildnerin gelernt habe, meine Wünsche hinsichtlich der Unterrichtsgestaltung durchzusetzen.

Im Folgenden letzten Teil werden Gestaltungsempfehlungen für den Unterricht mit offenen Arbeitsformen formuliert. Diese Gestaltungsempfehlungen können als Resultat dieser Studie betrachtet werden. In ihnen spiegeln sich die durch die Lehrenden und die Forschungstagebücher genannten förderlichen Faktoren wider.

6. Gestaltungsempfehlungen für die Verwendung von offenen Arbeitsformen innerhalb der Menschenrechtsbildung

Die folgende Aufzählung kann als Unterstützung für die Planung des Unterrichts der Menschenrechte mit offenen Arbeitsformen betrachtet werden. Sie ist eine Orientierung und Hinweissammlung für Lehrende und erhebt dabei nicht den Anspruch auf Vollständigkeit.

Die Integration von offenen Arbeitsformen in den Unterricht kann durch folgende Umstände begünstigt werden:

- Schaffen Sie eine angenehme Gesprächs- und Arbeitsatmosphäre, in der sich alle ungehindert ansehen können und sich gegenseitig respektieren.
- Versuchen Sie den Schüler mit all seinen Sinnen am Unterricht zu beteiligen.
- Erklären Sie den Schülern ausführlich den bevorstehenden Ablauf der Unterrichtseinheit. Neue Arbeitsformen sollten Sie anschaulich vorstellen und erläutern.
- Berücksichtigen Sie bereits in der Vorbereitungsphase Ihres Unterrichts die Ihnen zur Verfügung stehende Zeit. Bedenken Sie dabei, dass die Schüler genügend Freiräume zum kreativen Problemlösen und für die Präsentation ihrer Ergebnisse erhalten.
- Wenn Sie möchten, dass Ihre Schüler in Gruppen zusammenarbeiten, sollten Sie bei der Gruppenbildung berücksichtigen, dass kein Schüler ausgeschlossen wird. Weiterhin sollten die Schüler in ihren Gruppen miteinander und voneinander lernen können.
- Stellen Sie den Schülern ausreichend Material zur Bewältigung ihrer Aufgabe zur Verfügung. Das Material sollten die Schüler, ihrer Aufgabe entsprechend, selbstständig auswählen können.
- Vermeiden Sie es, Ihre eigene Meinung im Unterrichtsverlauf zu präsentieren.
- Versuchen Sie flexibel auf die Ideen und Wünsche ihrer Schüler zu reagieren. Sofern es Ihnen möglich ist, sollten Sie Ihren Schülern ein Mitgestaltungsrecht im Unterricht einräumen.

7. Zusammenfassung

Die vorliegende Studie setzte sich mit den Möglichkeiten und Grenzen von offenen Arbeitsformen im Unterricht der Menschenrechte auseinander. Eine theoretische Betrachtung der Begriffe „offene Arbeitsformen“ und „Menschenrechtsbildung“ bildete die Grundlage. Das zentrale Ergebnis des 2. Kapitels war die Formulierung einer eigenen Definition von offenen Arbeitsformen. Außerdem konnte im 2. Kapitel gezeigt werden, dass offene Arbeitsformen lernförderlich sind. Hierfür wurden neben biologischen Grundlagen des Gedächtnisses auch eine Auswahl von empirischen Untersuchungen vorgestellt. Das 3. Kapitel begann mit der erschreckenden Erkenntnis, dass das Wissen der Menschen über die Menschenrechte gering ist. Dies konnten Studien aus Deutschland, aber auch aus den Vereinigten Staaten von Amerika zeigen. Die Notwendigkeit einer umfassenden Menschenrechtsbildung konnte damit verdeutlicht werden. Daran schloss sich eine ausführliche Abhandlung über die Struktur von Menschenrechtsbildung an. Das 4. Kapitel zeigte, dass es innerhalb der Menschenrechtsbildung wichtig ist, mit offenen Arbeitsformen zu arbeiten. Außerdem wurde die Unterrichtseinheit zum Thema „Gemeinsam gegen die Todesstrafe“ beschrieben. Den Kapiteln 2 bis 4, in denen die Fragen: „Was wird unter dem Begriff offene Arbeitsformen verstanden?“ und „Wie sieht die Sachstruktur von Menschenrechtsbildung aus?“ beantwortet wurden, schloss sich das umfangreiche 5. Kapitel an. In diesem stellte ich meine empirische Untersuchung vor, welche die Fragen nach förderlichen und hinderlichen Faktoren im Unterricht mit offenen Arbeitsformen sowie die Frage, ob und welche Lernerfahrungen in diesem Unterricht erlebt werden, beantworten sollte. Nach einer theoretischen Einführung und der Beschreibung, wie ich meine Ergebnisse ausgewertet habe, folgte eine ausführliche Ergebnisdarstellung. Die durch die Interviews mit den Lehrenden und durch die Forschungstagebücher ermittelten förderlichen und hinderlichen Faktoren sowie die Lernerfahrungen wurden beschrieben und schließlich in Tabellen zusammengefasst präsentiert. Dabei kann resümierend gesagt werden, dass diese Ergebnisse aufgezeigt haben, dass offene Arbeitsformen lernförderlich sind und dass durch ihre Verwendung im Unterricht Lernerfahrungen, sowohl beim Schüler und Lehrer als auch dem Referenten, erlebt werden.

Literaturverzeichnis

amnesty international (Hrsg.): Jahresbericht 2007. Frankfurt am Main 2007

Aschersleben, Karl: Einführung in die Unterrichtsmethodik. Stuttgart, Berlin, Köln 1991/5. überarbeitete Auflage

Atkinson, Rita L. u.a.: Hilgards Einführung in die Psychologie. Berlin 2001/13. Auflage

Berg, Rudolf u.a.: Kursbuch Geschichte – Thüringen. Berlin 2001

Birbaumer, Niels; Schmidt, Robert: Biologische Psychologie. Berlin, Heidelberg und Bonn 2003/5. Auflage

Brähler, Elmar; Stellmacher, Jost; Sommer, Gert: Menschenrechte in Deutschland: Wissen, Einstellungen und Handlungsbereitschaft. In: Landeszentrale für politische Bildung Baden-Württemberg (Hrsg.): Der Bürger im Staat – Menschenrechte, Heftnummer 1/2 , 2005, S. 57-61

Bundeszentrale für politische Bildung; Deutsches Institut für Menschenrechte; Europarat (Hrsg.): Kompass – Handbuch zur Menschenrechtsbildung für die schulische und außerschulische Bildungsarbeit. Berlin und Bonn 2005

Bundeszentrale für politische Bildung (Hrsg.): Grundrechte – Informationen zur politischen Bildung. Heftnummer 239, Bonn 1998

Bundeszentrale für politische Bildung (Hrsg.): Menschenrechte – Dokumente und Deklarationen. Bonn 1991

Bundeszentrale für politische Bildung (Hrsg.): Die Menschenrechte – eine Herausforderung der Erziehung. Bonn 1981

Einsiedler, Wolfgang: Lehrstrategien und Lernerfolg – Eine Untersuchung zur lehrziel- und schülerorientierten Unterrichtsforschung. Weinheim, Basel 1976

Einsiedler, Wolfgang: Lehrmethoden – Probleme und Ergebnisse der Lehrmethodenforschung. München, Wien, Baltimore 1981

Fischer, Dietlind: Das Tagebuch als Lern- und Forschungsinstrument. In: Friebertshäuser, Barbara; Prengel, Annedore: Handbuch Qualitative Forschungsmethoden in der Erziehungswissenschaft. Weinheim und München 2003, S. 693-701

Flick, Uwe: Qualitative Sozialforschung – Eine Einführung. Reinbek bei Hamburg 2007/7. Auflage

Fritzsche, K. Peter: Menschenrechte – Eine Einführung mit Dokumenten. Paderborn, München, Wien, Zürich 2004

Fuhrmann, Elisabeth; Weck, Helmut: Forschungsproblem Unterrichtsmethoden. Berlin 1976

Gage, Nathaniel L.; Berliner, David C.: Pädagogische Psychologie. Weinheim und München 1986/4. völlig neu bearbeitete Auflage

Giaconia, Rose M.; Hedges, Larry V.: Identifying features of effective open education. In: Review of Educational Research, Heftnummer 52, Chicago, Stanford 1982, S. 579-602

Huditz, Edmund: Mein persönliches Resümee nach Beendigung des UNESCO Seminars zur Menschenrechtserziehung. In: Europäisches Universitätszentrum Friedensstudien – Innovative Ansätze zur Verbesserung der Menschenrechtserziehung in der Schule. Stadtschlaining 1998, S. 109-110.

Jürgens, Eiko: Die ‚neue' Reformpädagogik und die Bewegung offener Unterricht – Theorie, Praxis und Forschungslage. Sankt Augustin 2004, 6. unveränderte Auflage

Knoll, Jörg: Kurs- und Seminarmethoden – Ein Trainingsbuch zur Gestaltung von Kursen und Seminaren, Arbeits- und Gesprächskreisen. Weinheim, Basel, Berlin 2003/10. Auflage

Krapp, Andreas; Weidenmann, Bernd (Hrsg.): Lehrbuch Pädagogische Psychologie. Weinheim 2001/4. vollständig überarbeitete Auflage

Kreuzberger, Norma: Aufmerksamkeitsverhalten in offener Lernsituation in der Sekundarstufe – Untersuchungen zur Öffnung von Unterricht am Gymnasium. Frankfurt am Main 2002

Kuckartz, Udo u.a.: Qualitative Evaluation – Der Einstieg in die Praxis. Wiesbaden 2007

Lamnek, Siegfried: Qualitative Sozialforschung – Lehrbuch. Weinheim, Basel 2005/4. vollständig überarbeitete Auflage

Lenhart, Volker: Pädagogik der Menschenrechte. Wiesbaden 2006/2. Auflage

Mayring, Philipp: Einführung in die qualitative Sozialforschung. Weinheim, Basel 2002/5. überarbeitete und neu ausgestattete Auflage

Mayring, Philipp: Qualitative Inhaltsanalyse – Grundlagen und Techniken. Weinheim 2003/8. Auflage

Meyer, Hilbert: Unterrichtsmethoden – Theorieband 1. Frankfurt am Main 1994/6. Auflage

Müller, Lothar; Weyland, Birgit: Wirkung von Menschenrechtsbildung – Ergebnis empirischer Forschung in Deutschland. In: Mahler, Claudia; Mihr, Anja (Hrsg.): Menschenrechtsbildung – Bilanz und Perspektiven. Wiesbaden 2004, S. 279-294

Oswald, Hans: Was heißt qualitativ forschen? – Eine Einführung in Zugänge und Verfahren. In: Friebertshäuser, Barbara; Prengel, Annedore: Handbuch Qualitative Forschungsmethoden in der Erziehungswissenschaft. Weinheim und München 2003, S. 71-87

Roth, Alois: Die Elemente der Unterrichtsmethode. München, Frankfurt, Berlin, Hamburg, Essen 1969/2. Auflage

Roth, Leo: Effektivität von Unterrichtsmethoden – Empirische Untersuchungen zu Wirkung der Organisationsformen von Lernbedingungen. Hannover 1971

Terhart, Ewald: Lehr-Lern-Methoden – Eine Einführung in Probleme der methodischen Organisation von Lehren und Lernen. Weinheim und München 2005/4. ergänzte Auflage

Sander, Wolfgang (Hrsg.): Handbuch politische Bildung. Schwalbach 2005/3. Auflage

Schaub, Horst; Zenke, Karl. G.: Wörterbuch Pädagogik. München 2007/7. Auflage

Schröder, Hartwig: Didaktisches Wörterbuch – Wörterbuch der Fachbegriffe von „Abbilddidaktik" bis „Zugpferd-Effekt". München, Wien 2001/3. erweiterte und aktualisierte Auflage

Wallrabenstein, Wulf: Offene Schule – Offener Unterricht – Ratgeber für Eltern und Lehrer. Reinbek bei Hamburg 1994/4. aktualisierte Auflage

Wehling, Hans Georg: Konsens á la Beutelsbach. In: Schiele, Siegfried; Schneider, Herbert (Hrsg.): Das Konsensproblem in der politischen Bildung. Heilbronn 1977, S. 173-184

Wellenreuther, Martin: Lehren und Lernen – aber wie? – Empirisch experimentelle Forschungen zum Lehren und Lernen im Unterricht. Grundlagen der Schulpädagogik, Band 50. Baltmannsweiler 2008/4. unveränderte Auflage

Internetquellen

Banks, Dennis N.: Promises to Keep – Results of the National Survey of Human Rights Education 2000. New York 2000.
URL: http://hrusa.org/education/PromisestoKeep.htm (02.09.2008)

Bundeszentrale für politische Bildung (Hrsg.): Grundrechte – Informationen zur politischen Bildung. Berlin und Bonn 2000.
URL: http://www.bpb.de/publikationen/9NXAMV,0,0,Vorbemerkung.html (10.04.2008)

Die zentralen Inhalte schulischer Bildung.
URL: http://www.wissen.de/wde/generator/wissen/services/print,page=1309862,node=558918.html (02.09.2008)

Forum Menschenrechte (Hrsg.): Standards der Menschenrechtsbildung in Schulen. Berlin 2006.
URL: http://www.forum-menschenrechte.de/cms/upload/PDF/fmr_standards_der_menschenrechtsbildung.pdf (10.04.2008)

Grundsatzerlass Österreich.
URL: http://www.bmukk.gv.at/medienpool/15683/pb_grundsatzerlass.pdf (10.04.2008)

Kerr, David: Gesamteuropäische Studie über die Politiken der Demokratieerziehung (EDC) Regionale Studie Region Westeuropa. Straßburg 2003.
URL: http://www.eduhi.at/dl/David_Kerr_EDC-Study_Western_Europe.pdf (07.09.2008)

Lehrplan Ethik, Fassung aus dem Jahr 2004.
URL: http://www.sachsen-macht-schule.de/apps/lehrplandb/downloads/lehrplaene/lp_gy_ethik.pdf (20.09.2008)

Müller, Lothar: Didaktik der Menschenrechte – Beiträge zur didaktischen Strukturierung von Menschenrechtserziehung in der Schule aus theoretischer und empirischer Perspektive. Dissertation. Trier 2000.
URL: http://ub-dok.uni-trier.de/diss/diss10/20010312/20010312.pdf (10.04.2008)

Sekretariat der Ständigen Konferenz der Kultusminister der Länder in der Bundesrepublik Deutschland (Hrsg.): Empfehlung der Kultusministerkonferenz zur Förderung der Menschenrechtserziehung in der Schule. (Beschluss der Kultusministerkonferenz vom 04.12.1980 i.d.F. vom 14.12.2000.)
URL: http://www.kmk.org/doc/beschl/menschr.pdf (10.04.2008)

The Analects of Confucius.
URL: http://etext.library.adelaide.edu.au/c/confucius/c748a/complete.html (02.09.2008)

United Nation (Hrsg.): Plan of Action – World Programme for Human Rights Education. New York and Geneva 2006.
URL: http://unesdoc.unesco.org/images/0014/001478/147853e.pdf (08.07.2008)

Unveröffentlichte Literatur

amnesty international, Sektions-Koordinationsgruppe Menschenrechtsbildung (Hrsg.): Infomappe Schulbesuche – Intern.

Daum, Moritz: Vorlesungsskript „Gedächtnis und Lernen“ – Entwicklungspsychologie 2007

Anhang

- Quiz zur Todesstrafe – Auflösung
- Kurzbeschreibung der Unterrichtseinheit „Menschenrechte allgemein“
- Kurzbeschreibung der Unterrichtseinheit „Für eine Welt frei von Folter“
- Forschungstagebücher 1-13

Quiz zur Todesstrafe – Auflösung

Die kursiv gesetzten Antwortmöglichkeiten sind die richtigen Antworten. Die Klammern bei Frage 6 nennen Beispielländer, in denen derartige Delikte die Todesstrafe zur Folge haben können.

1.) Welches Land hat als erstes auf Dauer die Todesstrafe abgeschafft?

O Finnland — O *Venezuela*

O Belgien — O Bundesrepublik Deutschland

O Ecuador — O Vatikanstadt

2.) Gegenwärtig wird in wie vielen Staaten der Welt die Todesstrafe nicht mehr angewendet?

O über ¼ aller Staaten

O *über ½ aller Staaten*

O über ¾ aller Staaten

3.) Wie viel Prozent der Weltbevölkerung lebt in Staaten ohne Todesstrafe?

O ca. 15% — O *ca. 25%* — O ca. 50%

4.) Welches ist das einzige Land Europas, in dem die Todesstrafe noch praktiziert, d.h. vollstreckt, wird?

O Griechenland — O Türkei

O *Weißrussland* — O Estland

5.) In welchem Land finden jedes Jahr die meisten Hinrichtungen statt?

O *China* — O Iran — O USA

6.) Für welche Verbrechen und Vergehen kann irgendwo auf der Welt die Todesstrafe verhängt werden?

O *Mord (USA)* — O *wiederholter Diebstahl (China)*

O *Vergewaltigung (Japan, Saudi Arabien)* — O *Hexerei (Benin, Westafrika)*

O *Zigarettenschmuggel (China)* — O *Ehebruch (Somalia, Iran)*

O *Fahrraddiebstahl (China)* — O *Betrug (Vietnam)*

Kurzbeschreibung der Unterrichtseinheit „Menschenrechte allgemein" (geeignet für Klassenstufe 7-9)

Zu Beginn dieser Unterrichtseinheit stellen sich die Referenten kurz mit Namen und Beruf vor. Ebenso wird das Thema der Unterrichtseinheit genannt und die Schüler erhalten einen kurzen Überblick, was sie in den folgenden 90 Minuten erwarten wird.
Anschließend werden die Schüler gebeten ihren Namen zu nennen und die Frage zu beantworten, was sie bereits über die Menschenrechtsorganisation *amnesty international* gehört haben. Darauf basierend stellt einer der Referenten *amnesty international* in einem Kurzporträt vor und versucht dabei, die Antworten der Schüler einzubauen.
Es folgt eine Gruppenarbeit, bei der die Schüler sich vorstellen sollen, dass sie in einem neu gegründeten Staat leben. Sie sollen sich 5 Rechte überlegen, die in ihrem Staat gelten sollen. Die Schüler sollten für ihre Überlegungen mindestens 10 Minuten Zeit bekommen. Während die Schüler arbeiten, hängen die Referenten alle 30 Artikel der Allgemeinen Erklärung der Menschenrechte an die Tafel. Nach der Beendigung der Gruppenarbeit wird die Tafel geöffnet und die Schüler können alle 30 Artikel sehen. Im Folgenden besprechen die Referenten alle 30 Artikel mit den Schülern. Ziel dabei ist es, dass die Schüler den Inhalt des jeweiligen Artikels verstehen. Beispiele von weltweiten Menschenrechtsverletzungen sollen den Schülern zeigen, dass diese Artikel nicht überall auf der Welt eingehalten werden. Außerdem sollen die Schüler überlegen, ob ein Recht, das sie bei der Gruppenarbeit aufgeschrieben haben, zu einem Menschenrecht passt. Hat beispielsweise eine Gruppe das Recht auf Freiheit aufgeschrieben, soll sie bei Artikel 1 nach vorne gehen und ihr Kärtchen zu dem Menschenrecht hängen. Spannend wird es hierbei, wenn am Ende eine Schülergruppe Kärtchen übrig hat, also nicht an die Tafel hängen konnte. Entweder war sich in diesem Fall die Gruppe nicht sicher, zu welchem Menschenrecht sie ihr Kärtchen hängen kann, oder die Gruppe hat ein Recht aufgeschrieben, welches nicht mit den Menschenrechten vereinbar ist. So wurde beispielsweise das Recht auf Todesstrafe im Forschungstagebuch 2 genannt. An dieser Stelle ist es wichtig, mit den Schülern zu reden, weshalb sie dieses Recht aufgeschrieben haben. War es einfach nur zum Spaß, oder steht dahinter eine Überzeugung?
In der zweiten Hälfte der Unterrichtseinheit dürfen sich die Schüler in ihrer Gruppe einen Werbespot überlegen. Sie sollen sich vorstellen, dass sie eine neue Menschenrechtsorganisation gegründet haben und diese soll nun vorgestellt werden. Dabei können die Kinder selbst entscheiden, zu welchem Thema ihre Menschenrechtsorganisation arbeiten soll. Abschließend dürfen alle Kinder ihre Werbespots vorstellen und kurz begründen, wie sie auf eben diese von ihnen vorgestellte Menschenrechtsorganisation gekommen sind. Am Ende der Unterrichtseinheit sollte noch genügend Zeit zur Verfügung stehen, um die Fragen der Schüler beantworten zu können.

Kurzbeschreibung der Unterrichtseinheit „Für eine Welt frei von Folter“ (geeignet für Klassenstufe 10-12)

Diese Unterrichtseinheit beginnt ebenfalls mit einer kurzen Vorstellung der Referenten, woran sich eine Vorstellungsrunde der Schüler anschließt. Nach einer kurzen Darstellung der Menschenrechtsorganisation *amnesty international* werden die Schüler in Kleingruppen aufgeteilt. Jede Gruppe erhält eine Frage, die sie zu beantworten versuchen sollen:

(1) Wo wird gefoltert?

(2) Wer wird gefoltert?

(3) Wer foltert?

(4) Warum wird gefoltert?

(5) Wie wird gefoltert?

(6) Unter welchen Folgen leiden Betroffene?

Nachdem die Schüler 10 Minuten in ihrer Gruppe gearbeitet haben, wird die Gruppenarbeit unterbrochen und die Schüler werden gebeten, nach vorn zu schauen. Der Unterrichtsraum wird abgedunkelt, Musik wird gestartet und auf den Overheadprojektor werden Folien aufgelegt, die Berichte von Folteropfern, Aussagen von Regierungsvertretern sowie Auszüge der Allgemeinen Erklärung der Menschenrechte enthalten. Ziel dieser kleinen Vorstellung ist es, die Schüler zu sensibilisieren, was genau unter Folter verstanden wird. Anschließend erhalten die Schüler die Möglichkeit, zu dem eben Gesehenen zu sprechen. Dabei können im Gespräch bereits Teile der Gruppenarbeit ausgewertet werden. Die Referenten ergänzen bei der Auswertung der Gruppenarbeit die Fakten, die von den Schülern nicht genannt wurden.

In der zweiten Unterrichtshälfte wird ein Planspiel durchgeführt. Ein Planspiel besteht aus einem Modell, welches an die Wirklichkeit angelehnt ist. Die Schüler bekommen für die Dauer des Spiels eine Rolle zugeschrieben, diese Rolle müssen sie während des Spiels annehmen. Schwierig wird es, wenn die zugewiesene Rolle nicht mit den eigenen Überzeugungen übereinstimmt. Ziel dabei ist es aber, die Schüler zu befähigen, sich in die Denkweise anderer Menschen hineinzuversetzen. Folgende Gruppen werden gebildet:

Menschen, die

- Opfer von Folter geworden sind,
- sich für die Menschenrechte einsetzen,
- den Terrorismus bekämpfen (Sicherheitsexperten),
- Angehörige durch einen Terroranschlag verloren haben,

- dual-use-Instrumente herstellen[37].

Die Schüler erhalten Informationen zu ihrer Rolle auf einem Arbeitsblatt. Sie müssen überlegen, wer ihre Gegner sind und welche Argumente die Gegnergruppe hervorbringen könnte. Nach der Gruppenarbeitszeit sollen sich die einzelnen Gruppen kurz vorstellen, wobei sie ihre Ziele und Wünsche äußern. Da die Ziele der einzelnen Gruppen nicht übereinstimmen, entsteht eine Diskussion zwischen den einzelnen Gruppen, in der jeder seinen Standpunkt vertreten muss. Wichtig ist, dass das Planspiel nach der Diskussion offiziell beendet wird. Jeder Schüler darf seine eingenommene Rolle wieder abgeben. In der darauf folgenden Abschlussdiskussion sollen die Schüler ihre persönliche Meinung vertreten.

---

37 Dual-use-Instrumente (engl.; dt.: *mit doppeltem Verwendungszweck*): Ein mögliches Beispiel für ein dual-use-Instrument sind Lippenstifthülsen, die auch als Patronenhülsen verwendet werden können oder elektrische Viehtreiberstöcke, die zur Folter eingesetzt werden können.

Forschungstagebuch: Bericht 1

Klassenstufe	9
Thema	Folter
Besonderheiten	Die Lehrerin macht auf mich am Telefon einen seltsamen Eindruck. Sie stellt komische Nachfragen, und wirkt generell sehr verunsichert. Ich bin gespannt, was da auf mich zukommen wird.

Besonderheiten vor der Schulstunde:

Wie bereits oben beschrieben, konnte mir die Lehrerin keine Besonderheiten ihrer Klasse nennen. Am Telefon wirkte sie verunsichert. Dies zeigte sich beispielsweise in Fragen ihrerseits wie: Was glauben Sie, wie wollen Sie mit der Klasse umgehen? Ich dachte, sie meinte unser Konzept, aber sie spielte, wie sich durch nachfragen herausstellte, auf Disziplin und Leitungsverhalten in der Klasse an. Darauf konnte ich natürlich keine Antwort geben, weder kenne ich bisher die Schule noch die Klasse. Irgendwie ein merkwürdiges Telefongespräch.

Auswertung nach der Einheit mit dem Lehrer:

Die Lehrerin entschuldigt sich nicht für ihr aus meiner Sicht völlig unprofessionelles Vorgehen: Treffpunkt war vor dem Lehrerzimmer, um genau 09:00 Uhr. Leider tauchte die Lehrerin dort nicht auf, nachdem bereits die nächste Stunde begonnen hatte, fragte ich im Sekretariat nach der Lehrerin und dort wurde mir mitgeteilt, dass die sich im anderen Gebäude befindet. Mir war nicht bewusst, dass die Schule aus zwei Gebäuden besteht. Das Gebäude, in das ich musste, war ungefähr eine Straßenbahnhaltestelle entfernt. Ich hastete dort hin, die Stunde lief inzwischen 20 Minuten, als ich dort ankam. Im Treppenhaus empfing mich die Lehrerin mit den Worte: „Wissen Sie, wenn man so lange zwischen den Schulgebäuden hin und her pendelt, vergisst man manchmal, Außenstehende darüber zu informieren.“ Ich war und bin darüber sehr sauer, was für eine Dreistigkeit! Ich hatte gehofft, dass die Lehrerin wenigstens ihre Schüler auf mich vorbereitet hat, aber leider war auch dies nicht der Fall: Sie spielte mit ihren Schülern Galgenraten, und ich sollte nun etwas über Folter berichten! Am Ende der nun verkürzten Einheit berichtete die Lehrerin vor allen Schülern (!), dass sie sich bedanken möchte, dass *amnesty international* zu Gast gewesen sei, aber wenn sie ehrlich sei, muss sie sagen, dass sie für Folter sei! Glücklicherweise nicht vor der Klasse, sondern nur zu mir äußerte sie zudem sinngemäß: „Ich fand das ja heute ganz toll, was sie da alles so gemacht haben. Aber ich glaube in meinen Unterricht passen solche offenen Sachen, wie mit dem Rumlaufen, nicht rein. Da würde ich meinen Stoff ja gar nicht mehr schaffen.“

Mehr Auswertung von Seiten der Lehrerin brauchte ich nicht, ich verabschiedete mich und ging frustriert nach Hause. Auf dem Nachhauseweg beschloss ich, dass diese miserable Schuleinheit ausgewertet werden muss. Da ich allein in der Schule war, konnte ich mich mit niemanden darüber austauschen, weshalb mir die Idee kam, zukünftig alle Stunden, die ich gehalten habe, in einer Art Protokoll festzuhalten. Diese Struktur für den Bericht habe ich mir daheim überlegt. Zukünftig werde ich einen leeren Bericht mitnehmen, um meine Gedanken gleich in der Schule (nach der Schuleinheit) aufschreiben zu können.

Meine Gedanken über die Einheit:

Frustration über die heutige Einheit beherrscht noch immer mein Gefühl. Es ist mir unbegreiflich, wie ich eine persönliche Meinung als Lehrer vor allen Schülern derart präsentiere, wo doch noch Gäste der gegenteiligen Meinung anwesend sind. Leider habe ich in dieser Situation nicht reagiert, da ich nicht wusste, was ich hätte sagen sollen. Ich bedankte mich nur nochmal bei den Schülern, dass sie sich auf das Thema eingelassen haben, und beendete die Stunde.

Da mir durch die Misere mit den zwei Schulgebäuden ungefähr 25 Minuten fehlten, musste ich die Einheit stark verkürzen. Als ich beginnen wollte, ziemlich hektisch und überhastet mit der Zeit im Hinterkopf, wollten die Schüler nicht so, wie ich wollte, da sie gedanklich noch beim Galgenraten waren. Ich hätte, glaube ich, trotz der knappen Zeit eine kurze „Besinnungspause“ machen müssen. Nachdem ein wenig Ruhe einkehrte, konnte ich endlich inhaltlich arbeiten. Nach der theoretischen Erklärung über Folter wollte ich in die Gruppenarbeit einsetzen, leider unterlag ich auch hier Fehlinformationen. Es handelte sich nicht um 29 Schüler, wie mir die Lehrerin am Telefon mitgeteilt hatte, sondern lediglich um 20 Schüler. Die Klasse besteht immer nur aus 20 Schülern. Ich hatte meine Gruppenarbeit allerdings basierend auf einer anderen Schüleranzahl aufgebaut, ich bat die Lehrerin mir zu helfen und von den abgezählten Kärtchen, die die Schüler ziehen sollten, entsprechend viele weg zu nehmen. Ich erklärte ihr, dass sie von jeder Gruppe zwei Karten wegnehmen sollte, außer bei der letzten Gruppe, da sollte es nur eine Karte sein. Leider war die Lehrerin auch hierzu nicht imstande, sie verzettelte sich und am Ende gab es ein heilloses Durcheinander, statt 4 Gruppen mit jeweils 5 Schülern hatte ich plötzlich 2 Gruppen und viele „übrig gebliebene“ Schüler. Am liebsten wäre ich in diesem Augenblick einfach gegangen. Ich bat die inzwischen genervten Schüler sich nochmal auf ihren Platz zu setzen und zählte einfach ab. So kam doch noch eine durchaus ergiebige Gruppenarbeit zustande. Leider musste die Auswertung und die abschließende Diskussion stark verkürzt werden, weil die Zeit zu kurz war. Ich schlug vor, da die Diskussion durch das Klingelzeichen abrupt beendet wurde und die Schüler dadurch natürlich nicht mehr ruhig waren, dass ich noch ein wenig dableibe und mit den Interessierten weiter spreche. Leider nahm mir auch hier die Lehrerin den Wind aus den Segeln, indem sie mich darauf hinwies, dass die Schüler wieder in das andere Gebäude müssen und deshalb keine Zeit haben. Dann kam noch ihr Schlusssatz, zudem ich bereits oben Stellung genommen habe. Fazit: Die Klasse war durchaus offen für Neues, aber die Lehrerin heillos überfordert.

Forschungstagebuch: Bericht 2

Klassenstufe	7
Thema	Menschenrechte allgemein
Besonderheiten	Mir wurde vor der Einheit mitgeteilt, dass ein Junge in der Klasse oft störend auffällt. Diese Junge musste aufgrund seines Benehmens bereits die Schule wechseln. Damit der Lehrer genügend Einfluss auf den Jungen nehmen kann, sitzt dieser gleich ganz vorn. Das auffällige Verhalten des Jungens wird durch seinen hohen IQ erklärt. Ansonsten handelt es sich um eine sehr aktive, unruhige und spontane Klasse, weshalb Variante 1 gewählt wird.

Besonderheiten vor der Schulstunde:

Die Absprache mit dem Lehrer war eher schlecht. Er war nur sehr schwer telefonisch zu erreichen. Der auffällige Junge wurde bereits im Vorgespräch sehr negativ durch den Lehrer beurteilt. Ich würde schon merken, wer der Junge sei, es werde nicht lange dauern, bis er auffällig werden wird. Außerdem wurde mir mitgeteilt, dass den Jungen keine Schule aufnehmen möchte, weil er so schwer zu „handhaben" sei. Ich kann nicht beurteilen, inwiefern das der Wahrheit entspricht. Ich kann mir nur sehr schwer vorstellen, dass eine Schule einen möglichen neuen Schüler abweist. Vor der Schulstunde habe ich den Eindruck, dass der Lehrer mein Kommen in seine Klasse als selbstverständlich ansieht. Nach kurzer Diskussion konnte ich den Lehrer überzeugen, während der Schulstunde im Raum zu bleiben. Schließlich kann er mich nicht mit den Kindern allein lassen. Was ist, wenn etwas passiert? Wenn sich ein Kind verletzt? Nachdem ich diese Einwände hervorgebracht habe, lenkt der Lehrer ein. Abschließend kann ich sagen, dass er seine Klasse (nicht nur den einen Jungen) als Problemklasse mit Disziplinproblemen dargestellt hat. Ich frage mich, warum in eine Klasse mit Disziplinproblemen eine fremde Person von außerhalb eingeladen wird? Und dann noch die Idee, diese Person, also mich, mit der Klasse allein zu lassen. Ich bin sehr gespannt auf die Unterrichtseinheit und noch gespannter auf den Lehrer.

Auswertung nach der Einheit mit dem Lehrer:

Der Lehrer zeigt sich begeistert über die Disziplin in seiner Klasse, sagt mir aber auch, dass das nur war, weil ich das erste Mal in der Klasse war. Die Kinder seien neugierig auf mich gewesen und waren deshalb ruhig und haben aufmerksam mitgearbeitet. Er bewundert, dass ich so ruhig bleiben konnte, auch als die Kinder Rechte formulierten, die man nur sehr schwer ernst nehmen konnte, wie zum Beispiel das Recht auf die Todesstrafe. Für ein ausgiebiges Nachgespräch bleibt dem Lehrer keine Zeit, die nächste Klasse betritt bereits den Raum.

Meine Gedanken über die Einheit:

Die Klasse war sehr neugierig, interessiert und aufgeschlossen. Ich wurde als „neue“ Lehrerin herzlich begrüßt und schnell akzeptiert. Nach vielen Fragen zur Arbeit von *ai* konnten wir die Gruppen bilden, damit sich die Kinder 5 Rechte ausdenken konnten. Die Gruppenbildung verlief problemlos, obwohl ich Zufallsgruppen ausgewählt hatte. Da ich die Klasse vorher nicht kannte, sind Zufallsgruppen für mich die beste Wahl, da ich somit ausschließen kann, dass ein Schüler, ein Außenseiter, nicht in eine Gruppe kommt und allein dasteht. 3 der 5 Gruppen arbeiten sehr intensiv an dem Thema, 2 Gruppen ziehen die Arbeit ins Lächerliche und schreiben nur „Spaßrechte“ auf, zum Beispiel: „Gummibärchen für alle!“ Nachdem die Gruppen fertig sind, gehen wir gemeinsam alle 30 Artikel der Menschenrechte durch. Ich erkläre das Recht und die Kinder sollen überlegen, ob ihre Rechte dazu passen würden. Ich versuche alle Rechte, die die Kinder aufgeschrieben haben, ernst zu nehmen und hänge sie mit auf. Lediglich als das Recht auf die Todesstrafe genannt wird, hadere ich mit mir: Eigentlich muss auch dieses Recht aufgehängt werden. Ich hänge es an die Seite, neben die Menschenrechte, und bespreche mit allen Kindern, warum wir dieses Recht nicht aufhängen können. Bei dieser Diskussion halte ich mich anfangs im Hintergrund und meine Hoffnungen wurden bestätigt: Die Kinder kamen allein auf die Idee, dass man dieses Recht auf Todesstrafe nicht mit den geltenden Menschenrechten vereinbaren kann. An dieser Stelle bin ich stolz auf mich, dass ich mich und meine Meinung so lange zurückhalten konnte. Mir fällt noch auf, dass die Kinder viele Begriffe, die in den Artikeln vorkommen, wie beispielsweise Gewerkschaft, Solidarität, nicht kennen. Immer mehr Kinder trauen sich und fragen nach, wenn sie einen Begriff nicht verstanden haben. Das zeigt mir, dass sie Vertrauen zu mir gewonnen haben. Auch interpretiere ich dieses Nachfragen in der Hinsicht positiv, dass die Klasse gut zusammenarbeiten kann. Es kann passieren, dass ein Schüler bei einer Nachfrage ausgelacht wird, das ist hier aber nicht passiert. Außerdem fiel mir auf, dass sich die Kinder im Stuhlkreis, ohne dass ich es vorher explizit gesagt hatte, meldeten, wenn sie etwas sagen oder fragen wollten. Dafür, dass die Klasse vorher als aktiv und unruhig beschrieben wurde, nahmen alle Rücksicht aufeinander und hielten die Gesprächsregeln ein. Die Gruppenarbeit in der zweiten Unterrichtshälfte erschien mir im Nachhinein als Geduldsprobe für den Lehrer. Die Schüler durften den Raum verlassen und mit ihrer Gruppe in freien Nachbarräumen üben. Natürlich stieg dadurch der Geräuschpegel an, was aus meiner Sicht aber nicht unangenehm war. Der Lehrer mischte sich ein und forderte tatsächlich, dass die Kinder geordnet den Raum in Dreierreihen verlassen sollten. Er wollte Zweierreihen durchsetzen, was aber nicht funktionierte. Schließlich präsentierten die Kinder ihre Werbespots und ich gab am Ende noch den Hinweis, dass sich jeder eine Menschenrechtserklärung nehmen darf. Nach dem Schulklingeln räumten die Kinder den Raum wieder ein und eine kleine Traube von Schülern versammelte sich um mich und fragte, wann ich wieder kommen würde. Ein Schüler sagte sogar, dass er es „cool“ fand, heute mal anders gesessen zu haben. Für mich eine Bestätigung, dass die Einheit sehr gut verlaufen ist. Der angeblich auffällige Junge mit dem hohen IQ fiel mir in der Tat schnell auf. Ich merkte deutlich, dass er anfangs nicht in das Thema einsteigen wollte. Ich gab ihm schließlich unauffällig, so dass es kein anderer Schüler mitbekam, Zusatzaufträge. Er sollte beispielsweise die Schüler zählen und mir einen Vorschlag machen, wie wir die Gruppen hinsichtlich der zahlenmäßigen Aufteilung gliedern könnten. Bei der ersten Gruppenarbeit wollte er nicht mehr in seiner Gruppe arbeiten, weil nach seiner Ansicht die Gruppe „dumm“ sei und das Thema „nicht kapieren“ würde. Er sagte mir, was er für Rechte aufschreiben würde, und ich schlug vor, diese Rechte in seiner Gruppe vorzustellen, was sogar funktionierte. Bei der anschließenden Präsentation arbeitete er eifrig mit, hing seine Rechte an die richtigen Stellen und half den anderen, ihre richtige Stelle zu finden. Ich kann sagen, dass der Junge in meinen Augen alles andere als negativ aufgefallen ist, er war aufgeweckt und wissbegierig und im Denken oft schon weiter als seine Mitschüler. Es hat mich gefreut, dass er so gut mitgearbeitet hat und mich als Ansprechperson bei Problemen aufgesucht hat.

Alles in allem für mich eine sehr schöne Unterrichtseinheit: Alle Kinder haben sich auf die offene Arbeitsweise eingelassen und nahmen aus meiner Sicht viel daraus mit. Ich glaube, der Lehrer macht seine Klasse deutlich schlechter als sie ist und will mit viel Disziplin durchgreifen.

Forschungstagebuch: Bericht 3

Klassenstufe	11
Thema	Todesstrafe
Besonderheiten	Die Klasse wird als ruhig beschrieben. Diskussionen können gut in Gang kommen, aber nur bei Themen, die die Schüler interessieren, was vorher schwer einzuschätzen ist. Auf jeden Fall sollte noch ein Plan B bereit stehen, falls die Schüler nicht diskutieren wollen. Außerdem muss die Klasse auf den Besuch von Juan Melendez vorbereitet werden.

Besonderheiten vor der Schulstunde:

Die Lehrerin habe ich vor der Einheit nicht telefonisch sprechen können, da ein neues Gruppenmitglied unserer *amnesty-international*-Gruppe in diese 11. Klasse geht und die Einheit organisiert hat. Ich habe diesem Gruppenmitglied Fragen für die Lehrerin über die Klasse mitgegeben, die sie mir per E-Mail beantwortet hat. Die Angaben zur Klasse waren kurz und eher neutral gehalten. Es gab keine „Wertung“ der Klasse.

Auswertung nach der Einheit mit dem Lehrer:

Die Lehrerin ist von ihrer sonst eher ruhigen Klasse sehr begeistert und kann gar nicht verstehen, warum eine so interessante Diskussion entstanden ist. Sie äußert, dass sie sehr beruhigt ist, wenn ihre Klasse den Vortrag von Juan Melendez hören wird. Die Klasse sei dann auf das Thema gut vorbereitet und könne sicher gezielte Fragen an Herrn Melendez stellen. Ich bekomme noch den Hinweis, dass ich den Schülern bei der Gruppenarbeit ein wenig mehr Rahmen hätte geben sollen. Allein die Aufgabenstellung, Argumente für oder gegen die Todesstrafe zu suchen, wäre zu wenig. Ich hätte zum Beispiel noch Textmaterial in die Gruppen geben können. Außerdem hätte aus ihrer Sicht an manchen Stellen mehr Leitung erforderlich sein können. Abschließend reden wir noch lange darüber, weshalb manche Schüler für Themen wie Todesstrafe oder Folter politischer Gefangener nicht zu sensibilisieren sind und es ihnen einfach egal ist. Die Lehrerin vermutet, dass die Schüler einfach durch die Medien abgestumpfter werden und bedauert, dass solche Themen nicht öfter in den Schulunterricht aufgrund der Zeit eingebettet werden können.

Meine Gedanken über die Einheit:

Die Schüler sind anfangs eher skeptisch und wollen sich nicht auf das Thema einlassen. Sie weigern sich, den Stuhlkreis zu bilden, wie immer bestehe ich aber auf diese Sitzordnung und die Schüler geben nach. Nach einer kleinen Vorstellungsrunde versuche ich zu erklären, warum ich die starre Sitzordnung aufgelöst habe und auf den Stuhlkreis bestanden habe. Die meisten Schüler pflichten mir bei, dass der Stuhlkreis doch nicht so schlecht sei, was aber meiner Meinung nach daran liegt, dass die Schüler sich bewusst neben ihre Freunde setzen können und nicht an einen Sitzplan gebunden sind. Beim Stimmungsbarometer bitte ich das *amnesty*-Gruppenmitglied mir zu helfen und sich nicht zu positionieren. Da die meisten ihrer Mitschüler wissen, dass sie sich bei *amnesty* engagiert, muss ich befürchten, dass die Schüler schauen, wo sie sich positioniert und entweder bewusst die Gegenmeinung einnehmen oder sich auf ihre Seite stellen, in der Hoffnung einer Diskussion, die ja eine aktive Beteiligung der Schüler voraussetzt, aus dem Weg gehen zu können. Zu meinem Glück interessiert es die Schüler nicht wirklich, weshalb ich diese Schülerin aus dieser Aufgabe herausgenommen habe. Das anschließende Quiz wird nur mit Widerwillen ausgefüllt. Die Schüler hatten gehofft, nicht schreiben zu müssen. Nachdem aber die Schüler die Fragen durchgelesen haben, kehrt von allein Ruhe ein und es wird leise mit dem Nachbarn über mögliche Antworten diskutiert. Die Lehrerin fragt mich, ob sie nicht den Hinweis geben soll, dass man das Quiz allein auszufüllen hat. Ich verneine natürlich. Ich finde es spannend, dass die Schüler mit ihrem Nachbarn über mein Quiz reden und trotzdem Ruhe herrscht. Zudem bemerke ich, dass es sich bei den meisten Gesprächen wirklich um das Quiz handelt und keine anderen Themen. Sicher meinte die Lehrerin im Nachgespräch auch diese Situation, als sie meinte, ich hätte mehr Leitung geben müssen. Ich empfinde das nicht so: Die Klasse wollte zwar durchaus an vielen Punkten nicht so arbeiten, wie ich das wollte, aber sie äußerten ihren Protest und richteten ihn an mich, wodurch ich reagieren konnte. Ich habe immer versucht, mein Vorgehen zu erklären, wenn es nötig war, zum Beispiel beim Stuhlkreis. Außerdem wurde der Protest meiner Meinung nach in einer geordneten Form geäußert, es wurde nicht wild durcheinander gesprochen oder geschrien. Mir ist es lieber, wenn die Schüler ihre Bedenken und auch ihre Unlust mitteilen, als wenn sie sich in der Hoffnung, nichts sagen zu müssen, in einer Ecke verstecken wollen oder einfach meine Meinung übernehmen, um unnötigen Diskussionen aus dem Weg zu gehen. Als ich von Juan Melendez erzähle, versuche ich mich kurz zu fassen, denn schließlich möchte ich dem Vortrag nichts vorwegnehmen.

Die abschließende Gruppenarbeit mit dem Argumente sammeln für oder gegen die Todesstrafe wird aus meiner Sicht gut umgesetzt, auch wenn die Schüler anfangs nicht verstehen, weshalb ich ihnen eine Rolle zuteile. Wieder erkläre ich den Hintergrund, nämlich dass es das Ziel ist, sich in eine Rolle hineinversetzen zu können und darin argumentieren zu können. Natürlich ist es mir auch wichtig, dass ich 4 Gruppen habe, die Argumente sammeln und davon jeweils 2 Gruppen für und gegen die Todesstrafe. Damit lässt sich einfach besser arbeiten. Und ich denke, dass so von vornherein kein verfälschtes Bild entsteht: Wenn beispielsweise 3 Gruppen gegen die Todesstrafe wären und nur eine dafür, könnte sich die eine Gruppe „in die Ecke" gedrängt fühlen. Das will ich einfach vermeiden und eine faire Ausgangslage schaffen.

Die anschließende Diskussion verlief gut, es wurden sehr viele Argumente vorgetragen. Als ich die Diskussion frei gab und die Aufgabe stellte, dass nun alle auf die an der Tafel stehenden Argumente frei von ihrer zugewiesenen Rolle reagieren können, stockte es ein wenig. Ich wartete kurz ab, bis ich das Argument „Strafe muss sein, das steht schon der Bibel. Auge um

Auge, Zahn um Zahn!“ aufgriff und es hinterfragte. Von den 22 Schülern beteiligten sich ungefähr 10 Schüler aktiv an der Diskussion, die übrigen blieben entweder ruhig oder gaben nur ab und zu einen Hinweis oder einen Einwurf zur Diskussion. Für mich war die Zahl der Diskutierenden ausreichend. Bisher habe ich noch keine Klasse erlebt, in der alle Schüler zu etwa gleichen Redeteilen mitdiskutierten. Es gibt immer Schüler die sich zurücknehmen, weil sie entweder allein für sich über das Thema nachdenken wollen, oder weil sie das Thema einfach nicht interessiert. Sicherlich ist der erste Fall wünschenswert für mich, realistischerweise denke ich aber, dass der zweite Fall häufiger ist.

Resümierend kann ich sagen, dass die Klasse eine diskussionsfreudige Klasse ist, die den geplanten Ablauf gern in Frage stellt. Wenn aber eine ordentliche und nachvollziehbare Begründung für den Ablauf durch mich kam, war die Klasse schnell zufrieden zu stellen. Alle Schüler haben sich auf die offenen Aufgabenstellungen eingelassen. Anfangs wurde gerade das Stimmungsbarometer lächerlich gemacht, aber spätestens bei der zweiten Aussage wurde die Ernsthaftigkeit den meisten bewusst. Irritiert hat mich die Frage, die häufiger kam: „Was muss ich davon mitschreiben? Was ist wichtig von dem, was Sie erzählen?“. Ich vermute, dass die Schüler sonst genau gesagt bekommen, was wichtig ist und was nicht. Ich glaube, dass die Schüler das gerade vor dem Abitur zu schätzen wissen. Aber warum sind sie nicht in der Lage, selbst zu entscheiden, was wichtig sein könnte?

Anmerkung: Der Vortrag von Juan Melendez wurde durch das *amnesty*-Gruppenmitglied der Klasse und mich organisiert. Juan wurde in den USA des Mordes an einem Schönheitssalonbesitzer bezichtigt und zum Tode verurteilt. Zum Zeitpunkt der Verurteilung arbeitete Juan in den USA als Obstpflücker und sprach kaum englisch, weshalb er von der Verhandlung nicht viel verstand. Die Gerichtsverhandlung dauerte exakt 5 Tage, wobei an einem Tag die Jury ausgewählt wurde. Nach Selbstmordgedanken im Gefängnis ermunterten ihn seine Mitgefangenen, lesen und schreiben zu lernen, was ihm neue Hoffnung gab. Bei seinem letzten Versuch, dass Gerichtsverfahren nochmals aufzurollen, bekam er einen neuen Bezirk zugeteilt, da der Anwalt, der ihn ehemals mehr schlecht als recht verteidigt hatte, inzwischen Richter geworden war und man einen Interessenkonflikt befürchten musste. Zu Juan Glücks übernahm eine Detektivin die Arbeit seines Anwaltes und diese Detektivin fand im Büro des ehemaligen Anwalts eine Kiste, auf der Juan Melendez stand. In dieser Kiste befanden sich ein Tonband mit dem Geständnis des wahren Mörders und die Aussagen von drei weiteren Zeugen, die dieses Geständnis stützten. Juan kam daraufhin nach fast 18 Jahren in der Todeszelle frei. Als „Entlohnung“ für diese Zeit bekam er 100$, eine Hose, zwei Hemden, ein paar Schuhe und das Zugfahrtticket nach Hause.

Juan Melendez tourt durch die ganze Welt und hält Vorträge über seine Geschichte in Schulen, Kirchen, Gemeinden und politischen Einrichtungen.

Forschungstagebuch: Bericht 4

Klassenstufe	9
Thema	Todesstrafe
Besonderheiten	Leider stellt mir die Lehrerin für die Klasse nur eine Schulstunde zur Verfügung. Ich weiß nicht, ob ich die Inhalte, die mir wichtig sind, in so kurzer Zeit vermitteln kann. Ich sehe diese Schulstunde als Test für mögliche weitere Schulstunden.

Besonderheiten vor der Schulstunde:

Da ich die Lehrerin am xx. yy, als ich schon einmal in der Schule war, kennen lernen konnte, und sie sich Zeit für ein ausführliches Gespräch genommen hat, war die Vorbereitung auf die Klasse sehr gut. Ich teilte ihr meine Bedenken mit, dass 45 Minuten eigentlich zu wenig Zeit sind, um effektiv in den Inhalt einsteigen zu können. Sie äußerte, dass es ihr nicht möglich sei, eine Stunde mehr zu bekommen, sie selbst sähe die Klasse nur zweimal in der Woche und auch dann nur für eine Unterrichtsstunde. Ich teile ihr mit, dass ich noch nie probiert habe, in 45 Minuten den wesentlichen Inhalt vorzustellen, und dass ich es als Modellversuch betrachte. Die Klasse wird als unruhig und schwatzhaft beschrieben, die aber bei interessanten Themen durchaus ruhig sein kann. Die Lehrerin meint aber, dass sie ja auch noch da wäre und mir, wenn es doch zu unruhig wird, helfen könne.

Auswertung nach der Einheit mit dem Lehrer:

Die zweite Klasse, die ich unterrichten soll, betritt bereits den Raum. (siehe nächsten Bericht) Dadurch wird unser Gespräch verkürzt, da neugierige Zuhörer um uns herum stehen. Die Lehrerin meint, dass der Geräuschpegel in der Klasse normal sei und sie wisse, wie anstrengend das sei. Die Klasse sei aber eben sehr schwatzhaft und das könne man nicht ändern. Als Lehrerin müsse man lernen, damit umzugehen. Sie denke aber, dass die Schüler viel mitgenommen haben und dass in einer der nächsten Stunden die Diskussion sicher nochmal aufgenommen wird. Es klingelt recht schnell zur nächsten Schulstunde und wir müssen unser Gespräch abbrechen.

Meine Gedanken über die Einheit:

Ich kann die Auffassung der Lehrerin nur bedingt teilen. Anfangs war die Klasse ungeduldig, schwatzhaft und neugierig, auf das, was da kommen wird. Aber ich konnte mir recht schnell Gehör verschaffen, in dem ich bei der Vorstellungsrunde jeden zu Wort kommen ließ und jeder etwas über *amnesty* sagen konnte. Ich habe mir angewöhnt, kleine Gespräche mit dem Nachbarn zu ignorieren, sofern sie die anderen nicht stören. Wenn dies aber der Fall war, habe ich einfach die beiden, die gesprochen haben, unterbrochen und gefragt, was ihnen gerade unklar sei oder wo sie noch eine Frage hätten. Meistens wurde gesagt, dass keine Fragen bestünden und die Gespräche wurden eingestellt.

Generell kann ich sagen, dass es nicht ausreicht, eine Klasse nur 45 Minuten zu unterrichten. Aufgrund der Zeit konnte ich keine Gruppenarbeit machen, um Argumente zu sammeln, sondern die Schüler sollten ad hoc Argumente suchen und mir zurufen. Anfangs funktionierte diese Vorgehensweise nur schleppend. Keiner wollte sich melden. Als ich erklärte, dass sie mir die Argumente ohne Melden zurufen können, unter der Bedingung, dass nicht alle gleichzeitig sprechen, ging es langsam voran. Erst zögerlich und dann immer schneller und häufiger wurden mir Argumente genannt. Ich kann mir nicht erklären, weshalb bei dem schlechten Start die Schüler noch so gut mitgearbeitet haben. Es kann doch nicht nur daran liegen, dass ich ihnen erlaubt habe, sich nicht melden zu müssen, sondern einfach reden zu können. Erstaunlicherweise funktionierte es aber sogar, dass die Schüler untereinander ausmachten, wer als nächstes sprechen darf, wenn beispielsweise zwei Schüler gleichzeitig zum Reden ansetzten. Ich glaube nicht, dass nur wegen des Sich-nicht-Melden-Müssens, die Schüler plötzlich mitarbeiteten, vielleicht brauchten sie eine längere „Auftauphase", jedenfalls hat das Einfachredenkönnen positiv dazu beigetragen, dass eine Diskussion zustande kam, die, obwohl alles so schleppend anfing, am Ende sogar abgebrochen werden musste, weil die Zeit vorbei war.

Fazit: Keine Kompromisse mehr, entweder der Lehrer kann 90 Minuten von seinem Unterricht zur Verfügung stellen, oder wir können die Menschenrechtsbildung in seiner Klasse nicht durchführen. Um effektiv arbeiten zu können, Zeiträume offen lassen zu können und um diskutieren zu können, braucht es eben Zeit!

Forschungstagebuch: Bericht 5

Klassenstufe	10
Thema	Todesstrafe
Besonderheiten	Auch hier erhalte ich nur eine Unterrichtsstunde. Die 10. Klasse soll durchaus beliebt sein unter Lehrern, weil sie eine gute Teamarbeit leisten kann und sinnvoll argumentieren kann.

Besonderheiten vor der Schulstunde:

Die Lehrerin äußert, dass sie sich auf die Stunde mit dieser 10. Klasse sehr freuen würde, da die Klasse als diskussionsfreudig bekannt sei und immer lebhaft und heftig Meinungen vertreten werden. Ich solle mich auf eine fundierte Diskussion einstellen. Die Schüler würden gern hinterfragen und stichhaltige Beweise fordern. Ein Disziplinproblem, wie in der vorhergehenden 9. Klasse, habe ich nicht zu erwarten.

Auswertung nach der Einheit mit dem Lehrer:

Enttäuschung! Die Klasse sei viel ruhiger gewesen als sonst, und die Lehrerin kann nicht verstehen, weshalb keine stichhaltige Diskussion zustande kam. Da die Lehrerin zur Pausenaufsicht muss (große Pause) hat sie leider keine Zeit, mit mir die Stunde weiter auszuwerten und verschwindet recht schnell auf den Schulhof.

Meine Gedanken über die Einheit:

Ich weiß noch nicht genau, wie ich diese Klasse beurteilen soll. Sie wurde als diskussionsfreudig beschrieben, aber am Ende kam nicht viel. Die Antworten vom Quiz wurden nur missmutig aufgenommen, beispielsweise wollte mir niemand glauben, dass in Benin noch Hexerei durch die Todesstrafe belegt wird. Ich habe einige Beispielfälle vorgetragen, aber die Skepsis war immer noch hoch, die Schüler konnten sich einfach nicht vorstellen, dass Hexerei irgendwo auf der Welt einen Straftatbestand darstellt. Ich erklärte, dass ich ihnen nur gesicherte Informationen geben würde und immer dann, wenn es sich um Vermutungen handeln würde, sage ich dies explizit dazu. Damit konnte ich die meisten Schüler überzeugen. Leider war dies die einzige wirkliche Diskussion im weiteren Sinne, die wir führten. Als ich von Juan Melendez erzählte, der zwar an ihrer Schule einen Vortrag hielt, den sie aber leider nicht sehen konnten (da der Vortrag in englischer Sprache abgehalten wurde), konnte man die Bestürzung durchaus in ihren Augen sehen. Ich glaube, aber das ist eine reine Vermutung, dass fast alle Schüler gegen die Todesstrafe waren, was ja so gut wie nie vorkommt. Wahrscheinlich war deshalb die abschließende Diskussion so unergiebig, es gab niemanden, der offen eine Gegenposition einnahm. Da ich auch hier aus Zeitgründen keine Gruppenarbeit durchführen konnte, mussten die Argumente ad hoc gesammelt werden. Ich bin sicher, hätten die Schüler sich Argumente für die Todesstrafe überlegen müssen, einfach weil sie in dieser

Gruppe gewesen wären, wäre eine Diskussion auf dieser besseren Grundlage zustande gekommen. Ich kann nur nochmal unterstreichen, dass keine Kompromisse mehr hinsichtlich der Zeit gemacht werden dürfen! Da diese Unterrichtsstunde direkt an die eine Unterrichtsstunde der 9. Klasse angrenzte, konnte ich nicht mehr durchsetzen, dass wir zwei Stunden bekommen. Abschließend kann ich sagen, dass die Klasse zwar durchaus interessiert und auch beeindruckt war, aber wirkliche Diskussionen kamen nicht auf. Dies kann zum einen an der Zeit liegen, vielleicht hatten die Schüler aber auch einfach keine Lust, an diesem Tag darüber zu sprechen. Auffallend war wieder ein mir bereits bekannter Kommentar: „Können Sie uns nicht einfach sagen, was wichtig ist und das schreiben wir mit?“ Auch wenn diesmal ein derartiger Hinweis nur einmal erfolgte, verwunderte er mich wieder sehr. Sind die Schüler selbstständiges Arbeiten nicht gewöhnt? Kennen sie nur das Vorsetzen von Informationen ohne dies großartig zu hinterfragen?

Forschungstagebuch: Bericht 6

Klassenstufe	11
Thema	Todesstrafe
Besonderheiten	Da die Einheiten am xx gezeigt haben, dass eine Unterrichtsstunde nicht ausreicht, hat mir die Lehrerin für diesen Tag zwei Schulstunden zur Verfügung gestellt. Die Schüler haben bereits den Vortrag von Juan Melendez gehört und haben dazu großen Redebedarf.

Besonderheiten vor der Schulstunde:

Da ich bereits zwei Mal im Unterricht der Lehrerin war, konnte sie mir bereits einiges über diese 11. Klasse berichten. Es handle sich um eine ruhige und eher „redefaule" Klasse, der man schon mal die Worte „aus der Nase" ziehen müsse. Meistens dauere es ewig, bis in der Klasse eine Diskussion zustande komme, wenn es überhaupt eine geben würde. Die Klasse sei lieb und ruhig, aber eben meistens zu ruhig. Ich solle in meiner Vorbereitung darauf achten, den Juan-Mendelez-Vortrag auszuwerten.

Auswertung nach der Einheit mit dem Lehrer:

Die Lehrerin kann nicht begreifen, was sie gerade erlebt hat. Sie habe ihre Schüler noch nie so diskussionsfreudig erlebt und kann sich nicht erklären, woran das liegen könnte. Sie überlegt, ob sie die Unterrichtseinheit zum Thema Todesstrafe selber in anderen Klassen halten soll, und bittet mich, ihr Material zu senden. Hierfür will sie mir an meine E-Mailadresse ihre Adresse schicken.[38] Trotzdem, für mich nicht begreifbar, erhalte ich von der Lehrerin den Hinweis, ob man nicht doch an der ursprünglichen Planung hätte festhalten sollen, also die Gruppenarbeit auf jeden Fall durchzusetzen. Zudem sagt sie zu mir sinngemäß: Man dürfe sich als Leiterin einer Klasse nicht das „Zepter" aus der Hand nehmen lassen. Vielleicht wären dann bei der Diskussion einige seltsame Argumente nicht aufgetaucht, wenn vorher in Kleingruppen gearbeitet worden wäre. Ich hätte diesen Punkt sehr gern noch diskutiert, leider ist auch dieses Mal keine Zeit, die Lehrerin muss in die nächste Klasse.

Meine Gedanken über die Einheit:

Der erste Teil der Unterrichtseinheit verlief nach Ablaufplan. Beim Aufbauen des Stuhlkreises gab es das übliche Murren in der Klasse, aber wie immer konnte ich mich mit einer guten Begründung durchsetzen. Das Stimmungsbarometer wurde in dieser Klasse weggelassen, damit mehr Zeit blieb für ein Gespräch über Juan Melendez. Bevor jedoch dessen Vortrag be-

[38] Stand am 25.05.2008: Die Lehrerin hat sich nie wieder bei mir gemeldet. Auch nach mehrmaligem Nachfragen meinerseits, ob denn noch Interesse an den Materialien bestünde, kam keine Antwort zurück.

sprochen wurde, wurde das Quiz bearbeitet. Ich fand es wichtig, dass die Schüler erst mal einen Überblick über die Situation der Todesstrafe weltweit erhalten. Das Interesse beim Quiz war sehr hoch, viele entsetzte Gesichter bei Frage sechs und häufiges Nachfragen, in welchem Land für welche Delikte die Todesstrafe steht.[39]

Das Gespräch über Juan Melendez sollte eigentlich nach dem Quiz stattfinden. Da aber mehrere Schüler den Raum für ca. 10 Minuten verlassen mussten, da sie etwas mit einem anderen Lehrer klären mussten, entschied ich mich, den anderen übrig gebliebenen Schülern einen Videoausschnitt über John Lamp zu zeigen, einen Mann, der in den USA zum Tode verurteilt wurde und diesen Mord auch gestand. In dem Ausschnitt sind die letzten Wochen in John Lamps Leben zu sehen. Dieses Video ist eigentlich immer Bestandteil des Todesstrafenkonzepts, sollte aber in dieser Klasse weggelassen werden, um mehr Zeit für Juans Vortrag zu haben. Nachdem das Video gezeigt wurde, inzwischen waren wieder alle Schüler zusammen, stellte ich die Frage, ob jemand etwas zu dem Video sagen möchte. Es entfachte eine Diskussion, die ich in diesem Umfang noch nie erlebt habe. Eigentlich war noch eine Gruppenarbeit geplant, um sich Argumente für bzw. gegen die Todesstrafe zu überlegen. Nach kurzem Überlegen entschied ich mich, meinen geplanten Ablauf über den Haufen zu werfen und den Schülern das Wort zu geben. Ich versuchte mich innerhalb der Diskussion weitestgehend zurückzuhalten. Lediglich wenn ich merkte, dass beispielsweise völlig falsche Ansichten diskutiert wurden, griff ich ein: So wurde behauptet, dass sich *amnesty* für Straffreiheit aller Verbrecher auf der Welt einsetzen würde. Das ist natürlich völlig falsch. Ich erklärte, dass *amnesty* dafür plädiert, potentiellen Tätern ein ordentliches Gerichtsverfahren zu gewährleisten und eine menschenwürdige Strafe zu erhalten. Eine Schülerin griff dieses Argument immer wieder auf, sie schien überhaupt nicht auf mich zu hören und ignorierte meine erklärenden Einwände. Irgendwann hielt ich mich zurück und wartete ab, was mir sehr schwer fiel. Aber es kam der Punkt, an dem die Klasse selbst die Schülerin darauf hinwies, dass ihre Argumente bereits ausreichend dementiert wurden. Die Diskussion dauerte tatsächlich über 50 Minuten und ging bis zum Pausenklingeln. Da wir die beiden Stunden durchgemacht hatten, hätten wir eigentlich früher Schluss machen müssen, das störte aber niemanden. An der Diskussion beteiligten sich, bis auf 2 Schüler, alle. Auch diese Situation habe ich in dieser Form noch nie erlebt. Viele der Schüler waren für die Todesstrafe, anfangs gab es eine Schülerin, die sehr vehement für die Todesstrafe plädierte. Sie kam nach der Stunde zu mir und sagte, dass sie immer noch für die Todesstrafe sei, aber sie müsse jetzt erst mal nachdenken. Ich werte das für mich als Erfolg. Mir ist bewusst, dass ich in 90 Minuten keine Meinungen bilden kann. Es liegt mir fern, jemanden manipulieren zu wollen oder soweit zu bringen, dass er meine Überzeugung übernimmt. Ich möchte Fakten präsentieren und zum Nachdenken anregen. Ich glaube, dass ist

[39] Anmerkung: Frage sechs im Quiz fragt nach Delikten, für die man in der Welt hingerichtet werden kann. Es werden einige Delikte vorgegeben, u.a. Hexerei, Fahrraddiebstahl und Vergewaltigung. Bei der Auflösung merken die Schüler, dass auf jedes der angegebenen Delikte irgendwo auf der Welt die Todesstrafe steht.

mir in dieser Klasse zu fast 100% gelungen. Ich weiß nicht, ob es einen Grund gab, weshalb gerade diese Klasse so sehr diskutierte. Vielleicht war es die Kombination von Juan Mendelez' Vortrag und dem Video über John Lamp. Ich kann es nur vermuten. Ich ging sehr zufrieden aus der Klasse. Als ich zur Straßenbahn ging, traf ich dort einen Schüler der Klasse. Ohne zu Zögern kam er auf mich zu und sagte lediglich: „Sie hatten Recht. Wir konnten uns heute ansehen und direkt ansprechen, das war schöner zum Reden." Ich bilde mir nicht ein, dass diese großartige Diskussion nur durch den Stuhlkreis zustande kam, es waren viele einzelne Faktoren. Jedenfalls bin ich sehr froh darüber, dass ich von meiner Planung abgewichen bin und den Schülern die Zeit zum Reden gegeben habe, die sie beansprucht haben.

Forschungstagebuch: Bericht 7

Klassenstufe	12
Thema	Todesstrafe
Besonderheiten	Der Kurs wird als intelligent beschrieben. Das bedeutet, dass ein hohes Diskussionsniveau herrscht, bei dem auf viel Wissen aufgebaut werden kann. Die Lehrerin beschreibt den Kurs als einen Kurs, in dem man gern unterrichtet, weil die Schüler sich gegenseitig zu guten Leistungen anspornen würden.

Besonderheiten vor der Schulstunde:

Die Lehrerin kannte aufgrund vorhergehender Gespräche bereits einige Elemente des Konzepts. Ihr war es wichtig, vor der Schuleinheit mit mir zu telefonieren, sagte mir aber auch gleich, dass sie manchmal schwierig zu erreichen sei, und dass ich ihr dann eine E-Mail schreiben könne. Ich fand den Kontakt vorher angenehm und empfand es als nett, dass sie gleich darauf hinwies, dass sie manchmal schwer zu erreichen sei. Manchmal zweifelt man sonst an der Richtigkeit einer Telefonnummer, wenn man niemanden darunter erreicht.

Auswertung nach der Einheit mit dem Lehrer:

Wie erwartet verlief die Einheit positiv. Die Schüler diskutierten auf einem sehr hohen Niveau. Die Lehrerin und ich stimmten überein, dass die Schüler ihre Argumente durchdacht formulieren konnten, was nicht immer zu erwarten ist. Die Klasse war eher ruhig, wenn man die Schüler aber direkt angesprochen hat, kamen durchaus gute Antworten. Die Lehrerin meinte, dass sie genauso verfahren würde, da die Schüler sonst nichts sagen würden. Ich hatte auch nicht das Gefühl, dass die Schüler genervt davon waren, dass ich sie direkt angesprochen habe, vielmehr hatte ich da das Gefühl, dass sie es gewohnt sind, direkt angesprochen zu werden. Sicherlich verstärkt das dann auch den Effekt des Sich-nicht-Meldens. Die Lehrerin überreicht mir zum Dank sogar noch ein paar Blumen, was mir noch nie passiert ist. Auch sagt sie, dass sie die Unterrichtseinheit weiterempfehlen würde unter ihren Kollegen. Ich gebe ihr nochmal einen Flyer mit Telefonnummer und Mailadresse mit.

Meine Gedanken über die Einheit:

Wie schon oben beschrieben, war es ein ruhiger Kurs. Die Einheit verlief planmäßig. Viele Nachfragen wurden nicht gestellt, weshalb ich ab und an in die Runde fragte, ob sie mit einer Sache einverstanden wären, oder ob sie sich einen bestimmten Sachverhalt vorstellen könnten. Dadurch kamen wir ins Gespräch und ich saß nicht nur vor ruhigen Schülern. Die Schüler beschäftigten sich im Ethikunterricht gerade mit Kant, Positivismus usw. Da ich mich innerhalb dieser Gebiete nicht gut auskenne, habe ich Fragen der Schüler an den entsprechenden Stellen an die Lehrerin weitergeleitet. Ich empfand das als nicht schlimm oder tragisch. Ich kann schließlich auch nicht alles wissen, und wenn die Schüler Rückschlüsse von meinen Inhalten auf den derzeitigen Unterrichtsstoff ziehen können, zeigt das ja nur, dass sie mitdenken. Ich äußerte auch ohne Umschweife, dass ich die Frage nicht genau beantworten kann und deshalb die Lehrerin mit einbeziehen würde. Diese hat die Fragen beantwortet, im Dialog mit den Schülern, und sich danach wieder zurückgezogen.

Erstaunlich in diesem Kurs war die Abschlussdiskussion. Wie immer wurde das Kostenargument für die Todesstrafe genannt, also dass es billiger sei, jemanden umzubringen, als ihn lebenslang auf Kosten des Staates durchzufüttern. Erstaunlicherweise wurde dieses Argument diesmal durch den Kurs widerlegt. Das ist mir noch nie passiert. Für die meisten Schüler scheint dieses Argument sehr plausibel und sie hinterfragen es nicht weiter. In diesem Kurs allerdings ist genau das nicht passiert. Als erstes stellte eine Schülerin die Frage, ob es nicht sein kann, dass ein Hochsicherheitstrakt in den USA deutlich teurer sein könnte. Einige Schüler stimmten ihrer Frage zu und schauten mich fragend an. Ich konnte ihnen dann Recht geben und erklärte die Zusammenhänge und die Kosten. Ein weiterer Schüler meinte noch, dass man eigentlich schon aus ethischen Gründen nicht nach den Kosten eines Menschenlebens fragen sollte. Wer legt fest, ab wann ein Leben wie viel wert ist? Ich konnte über diesen Einwurf nur staunen und begrüßte ihn natürlich.

Ich kann also ein durchaus positives Fazit ziehen.

Erstaunlich war die Abschlussdiskussion in diesem Kurs aber noch aus einem anderen Grund. Ich hatte fälschlicherweise das falsche Informationsmaterial mitgenommen. Ich konnte die Schüler deshalb während der Gruppenarbeit nicht mit Material ausstatten wie sonst. Dadurch benötigten die Schüler deutlich mehr Zeit zum Überlegen. Außerdem fiel es ihnen anfangs schwer, sich in das Thema einzufinden, da sie abgesehen von meinen Vorarbeiten nicht eigenständig Material sichten konnten. Glücklicherweise reagierte der Kurs sehr gelassen auf die Situation. Bis auf die Tatsache, dass die Schüler mehr Zeit zum Überlegen brauchten, verlief alles andere gut. Ich fühlte mich allerdings unvorbereitet und nicht zufrieden mit mir selbst.

Auf dem Heimweg sprach mich noch ein Schüler der Klasse an, der sich innerhalb der Diskussion eher zurück gehalten hatte. Er meinte, dass er bereits *amnesty* Einzelmitglied wäre. Er habe sich aber bei der Diskussion zurück gehalten, weil manche Schüler seine Aussagen „eh nicht verstehen würden". Ich vermute, dass er vielleicht schon mal ausgelacht wurde. Jedenfalls möchte dieser Schüler bei unserer *amnesty*-Gruppe mitmachen. Ich gebe ihm meine E-Mailadresse, damit er sich melden kann und ich ihm die Daten für das nächste Gruppentreffen geben kann. Ich bin gespannt, ob er kommen wird.[40]

[40] Anmerkung: Dieser Schüler ist heute ein aktives Mitglied unserer *amnesty*-Gruppe.

Forschungstagebuch: Bericht 8

Klassenstufe	12
Thema	Todesstrafe
Besonderheiten	Leider weiß ich über diesen Kurs nichts, außer dass 24 Schüler darin sind.

Besonderheiten vor der Schulstunde:

Es handelt sich um die Schule, in der ich bereits letzte Woche war. Die Lehrerin von der anderen Klasse hat diese Unterrichtseinheit arrangiert. Das finde ich soweit sehr schön, es bedeutet immerhin, dass sie die Einheit in ihrem Kurs so gut fand, dass sie sie weiterempfohlen hat. Leider war der Lehrer dieses Kurses nicht bereit, vorher mit mir in Kontakt zu treten. Weder telefonisch noch persönlich oder per E-Mail. Er hielt es nicht für nötig und hätte dafür keine Zeit. Die Lehrerin des ersten Kurses teilte mir lediglich die Schüleranzahl mit. Ich weiß also nicht, was mich erwartet. Aber einen guten Eindruck konnte der Lehrer bisher nicht erwecken. Ein größeres Kontrastprogramm zu der Lehrerin, die sich sogar mit mir vorher treffen wollte, gibt es wahrscheinlich nicht.

Auswertung nach der Einheit mit dem Lehrer:

Der Lehrer erklärt mir sehr ausführlich, dass er eigentlich Biologie- und Sportlehrer sei und Ethik nur nebenbei unterrichtet. Die Frage, wie man ein Fach nur nebenbei unterrichten kann, stelle ich nicht. Jedenfalls muss er zum Sportunterricht und sagt mir nur noch, dass er den Unterricht angenehm und spannend fand und dass er viel mitgenommen und gelernt habe. Was er dabei mitgenommen hat, kann er mir nicht mehr beantworten, er muss ja schließlich los.

Meine Gedanken über die Einheit:

Offensichtlich habe ich in meiner Freizeit nichts Besseres zu tun, als in Schulen zu gehen und zu unterrichten und darf deshalb nicht so was wie Dank erwarten, genau das sind meine Gefühle im Moment. Der Kurs heute war zwar sehr angenehm, aber was soll ich von dem Lehrer halten? Er hat mich behandelt wie eine seine Schülerinnen, die über ein unwichtiges Thema spricht. Ich meine, ich gehe gerne in Schulen und unterrichte dort, und ich erwarte nicht, dass mir die Schüler und Lehrer riesigen Dank aussprechen, aber als Selbstverständlichkeit möchte ich es nicht sehen. Ich könnte mich jetzt noch weiter über diesen Lehrer aufregen, aber das würde mich auch nicht voran bringen.

Der Lehrer fragte mich vor Beginn der Stunde, ob er mir helfen müsse, oder ob er sich nach hinten zurückziehen könne. Ich sagte, dass er sich in die letzte Bankreihe setzen kann. Ich merkte recht schnell, dass die Schüler ziemlich unruhig waren, immerhin handelte es sich um den 4. Unterrichtsblock. Die Schüler werden in dieser Schule in Blöcken unterrichtet, es gibt nur den 90-Minuten-Rhythmus. Der 4. Block entspricht demnach der 8. Unterrichtsstunde. Nach der Vorstellungsrunde merkte ich aber schnell, dass das Interesse für *amnesty* sehr groß ist. Die Schüler stellten viele Fragen zur Arbeit von *amnesty*, und was mir sehr gefallen hat, sie hinterfragten auch die Arbeit, in dem sie beispielsweise in Frage stellten, dass das Briefe schreiben etwas bringen würde. Nachdem ich einige Gegenbeispiele hervorbringen konnte, zeigten sie sich schnell bereit, mir zu glauben und fanden den Gedanken faszinierend, dass ein Brief etwas bewirken kann. Dies kam in der anschließenden Diskussion zum Ausdruck. Viele meinten, dass man in der Stadt immer mal wieder Stände sieht, auch von *amnesty*. Da würden zwar Unterschriften gesammelt, aber die Schüler dachten immer, dass man die Unterschriften nur für Werbezwecke sammeln würde. Zumindest für *amnesty* konnte ich dies widerlegen. Als ich den weiteren Ablauf der Unterrichtseinheit absprechen wollte, fiel mir der Lehrer ins Wort. Er schrie, dass er alles beenden würde, wenn die Schüler nicht gleich ruhig seien, außerdem würde sich Frau Diener, also ich, überlegen, ob das Video gezeigt werden wird. Er meinte noch, dass ich mir sicher eine schöne Schreibarbeit überlegen könnte, wenn sie nicht ruhig werden. Ich kann für mich selbst reden und ich fand die Schüler überhaupt nicht unruhig. Ich habe schon deutlich unruhigere Klassen erlebt und auch da konnte ich mich selbst behaupten. Auch verstehe ich die Drohung nicht, dass ich dann eine Schreibarbeit durchführen würde. So etwas würde mir nie einfallen. Ich empfand dieses Verhalten einfach furchtbar. Ich mag es überhaupt nicht, wenn mir jemand ins Wort fällt und dann auch noch Drohungen für mich ausspricht. Ich war erstmal geplättet über dieses Verhalten. Wie sollte ich reagieren? Ich versuchte die Spannung zu nehmen, indem ich sagte, dass ich nicht denke, dass wir zu solch einem Verhalten kommen werden, weil sie ja wirklich gut mitmachen. Mir war klar, dass ich dadurch dem Lehrer in den Rücken gefallen bin, aber er hat das schließlich auch getan. Und ich kann solch eine Drohung nicht auf mir sitzen lassen. Zum Quiz waren die Schüler ruhig, was aber auch daran lag, dass der Lehrer im Stuhlkreis umherging und schaute, dass auch jeder allein arbeitet. Da ich durch die Äußerung des Lehrer so geplättet war, verschob ich das Stimmungsbarometer nach das Quiz. Durch das stille Arbeiten am Quiz hoffte ich, dass sich die Lage wieder entspannt. Beim Stimmungsbarometer schoss der Lehrer dann den Vogel ab. Er machte mit und stellte sich bei den Sätzen: „Mörder haben keine Menschenwürde“ oder „Die Todesstrafe ist abschreckend“ auf die STIMMT-Seite. Die Schüler schauten irritiert und wussten nicht so recht, wo sie sich nun hinstellen sollten. Zumal der Lehrer auch noch seine Arme dabei verschränkte und demonstrativ auf der STIMMT-Seite stehen blieb. Dadurch positionierten sich einige Schüler um, sie waren eindeutig unsicher. Sonst ist ja der Lehrer meist der, der Recht hat. Als dem Lehrer bewusst wurde, dass die Fragen immer detailreicher wurden, stellte er sich an den Rand und machte nicht mehr mit. Mir kam das Bild eines bockigen Kindes vor Augen. Ich versuchte mich aber weiter auf die Schüler zu konzentrieren und den Lehrer zu ignorieren. Mir fiel das schwer, denn innerlich war ich schon sehr aufgeregt und wütend. Ab jetzt werde ich vor jeder Unterrichtsstunde mit dem jeweiligen Lehrer klären, dass er bei dem Stimmungsbarometer nicht mitmachen soll, weil das die Schüler zu sehr beeinflusst. Auch werde ich abklären, dass ich ein Zeichen gebe, falls ich die Unterstützung des

Lehrers brauche, zum Beispiel wenn Disziplinprobleme auftreten. Durch die Einmischung des Lehrers und durch seine teilweise von meinen Anweisungen abweichenden Einwürfe kamen die Kinder total durcheinander und ich konnte deutlich merken, dass sie sich nicht sicher waren, auf wen sie jetzt hören müssen.

Die Abschlussdiskussion verlief angenehm. Das Interesse der Schüler war wirklich enorm, sie stellten viele Nachfragen, so wollten sie sehr viel über Juan Mendelez hören und wissen, wie es ihm heute geht. Da die Diskussion am Ende eher ein Gespräch war als eine Diskussion (die meisten waren gegen die Todesstrafe, es gab also kaum Gegenstimmen) und die Schüler geschafft wirkten, beendete ich die Stunde ungefähr 10 Minuten früher und bot an, dass ich noch dableiben würde, falls noch Fragen bestehen. Viele der Schüler blieben noch und stellten weitere Fragen. Ich wurde selten so ausgefragt, aber ich denke, dass zeugt nur von Interesse. Einige der Schüler überlegten sogar, eine Jugendgruppe zu gründen. Ich erklärte ihnen, dass ich als Gruppensprecherin der *amnesty*-Gruppe Leipzig diese Jugendgruppe mit betreuen würde. Sie waren durchaus interessiert. Ihnen kam aber auch der Gedanke, dass sie kurz vor dem Abitur stünden und dann Leipzig verlassen würden. Ich schlug deshalb vor, ihnen *amnesty*-Kontakte aus den Städten rauszusuchen, in die sie gehen wollten, hierfür gaben sie mir ihre Mailadressen. Ich hielt mein Versprechen und schickte 9 Schülern Adressen zu. Ich kann also durchaus ein positives Resultat ziehen.

Forschungstagebuch: Bericht 9

Klassenstufe	11
Thema	Folter
Besonderheiten	Ich werde von der Lehrerin darüber informiert, dass ein Schüler des Kurses besonders auffällig sei. Seine Äußerungen seien oft sehr schwer einzuschätzen und teilweise in der rechtsextremen Richtung anzusiedeln. Der Schüler diskutiere aber gern und wird auf jeden Fall versuchen, mich zu provozieren.

Besonderheiten vor der Schulstunde:

Zu meiner positiven Überraschung besteht die Lehrerin darauf, dass wir uns vor der Schulstunde treffen und über die Konzepte sprechen. Bisher hat mir nur eine Lehrkraft einen ähnlichen Vorschlag gemacht. Ich finde es sehr schön, dass sie sich so interessiert. Ich vereinbare mit ihr ein Treffen in unserem *amnesty*-Büro. Sie ist sehr pünktlich und noch recht jung, wahrscheinlich nur ein paar Jahre älter als ich. Sie bietet mir gleich das Du an und ich freue mich sehr über die lockere Atmosphäre, in der wir uns unterhalten können. Ich stelle ihr kurz alle Konzepte vor, die wir im Angebot haben. Sie wirkt äußerst interessiert und hätte am liebsten alle Konzepte in allen Klassen erlebt. Leider wird das zeitlich nicht funktionieren. Wir einigen uns, dass wir zwei Mal die Todesstrafe als Thema durchführen und zwei Mal Folter. Da sich die Kurse meistens untereinander austauschen, wird es im Idealfall so sein, dass die meisten von beiden Themen etwas mitnehmen können. Die Lehrerin fragt auch nach, ob sie Material von mir haben könne, damit sie in den Klassen, in denen nur das Konzept Folter durchgeführt wird, auch noch das Todesstrafenthema ansprechen kann. Ich finde dieses Engagement wirklich toll, bisher haben nur wenige Lehrer nach den Materialien gefragt. Diese Lehrerin fragt mich sogar, wie die Schüler normalerweise bei den Themen reagieren und wie ich damit umgehe.

Diesen 11. Kurs beschreibt die Lehrerin als ruhig, aber aufgeschlossen. Wie oben schon geschrieben, scheint es einen Schüler zu geben, der sehr diskussionsfreudig ist und dadurch die anderen provoziert, die dann auch wieder mitdiskutieren.

Ich verabrede mit der Lehrerin, dass die Schüler entscheiden dürfen, welches Thema sie am meisten interessiert. Durch eine E-Mail teilt sie mir mit, dass die Mehrheit für das Thema Folter gestimmt habe, unter der Bedingung, dass anschließend noch zum Thema Todesstrafe gearbeitet wird. Das wird die Lehrerin selbst übernehmen.

Auswertung nach der Einheit mit dem Lehrer:

Da sich an die Einheit eine größere Pause anschließt, haben wir genügend Zeit für die Auswertung. Im Fazit stimmen wir beide überein: Alle Schüler waren an der Diskussion aktiv beteiligt, was ein eher seltenes Phänomen ist, was sicher auch durch die kleinere Klassengröße zu erklären ist. Zusammen überlegen wir, wie der Schüler einzuschätzen ist, der oft seinen „Senf“ zur Diskussion geben muss, ohne dabei nachzudenken. Ich glaube nicht, dass der Schüler in die rechtsextreme Richtung tendiert, wohl aber scheint er sich mit diesem Gedankengut zu beschäftigen. Offensichtlich war er gegen die Nazis, Völkermord und solche Sachen. Aber Themen wie beispielsweise „Ausländer in Deutschland“ stand er sehr kritisch gegenüber. In einer Nebenbemerkung sagte er, dass er sich oft mit seinem Vater über Politik unterhält. Die Lehrerin sagte mir, dass der Vater einen höheren Dienstgrad bei der Bundeswehr ausübt und bereits bei Elternabenden als diskussionsfreudig mit seltsamen Ansichten aufgefallen sei. Ich glaube, dass der Schüler sich sehr viel mit Politik auseinandersetzt, dabei aber bestimmte komplexe Prozesse noch nicht versteht, bzw. zu vereinfacht darstellt. Kurz, ich denke, ihm fehlt der Weitblick.

Die Lehrerin meint zwar, dass der Schüler oft eine Art Störfaktor darstellt, dass aber gerade dadurch die interessantesten Diskussionen entstehen würden. Zusammenfassend ist die Lehrerin mit der Stunde zufrieden und freut sich, dass auch die sonst so ruhigen Schüler etwas Produktives zur Diskussion beigetragen haben.

Meine Gedanken über die Einheit:

Spontaner erster Gedanke: Ich wurde lange nicht so in einer Diskussion gefordert. Der schon viel zitierte Schüler war in der Tat ein würdiger Gegner, der es trotzdem nicht schaffte, mich aus der Ruhe zu bringen.

Nach der Vorstellungsrunde kommen bereits viele Hinweise über *amnesty* als Organisation. Das Vorwissen scheint bereits recht groß zu sein. Ich vermute, dass die Lehrerin mich angekündigt hat und dass die interessierten Schüler bei Google oder Wikipedia nachgesehen haben, was *amnesty* ist. Ich bin am Überlegen, diesen Hinweis den Lehrern generell zu geben. Bevor ich in die Klasse komme, kann ja beispielsweise eine Hausaufgabe lauten: Informiert euch vorab über *amnesty international*. Da das Internet genügend Material bietet, sollte das auch keine zeitaufwendige Arbeit sein. Obwohl ich mir noch nicht ganz sicher bin: Schließlich haben Hausaufgaben meistens einen negativen Touch, vielleicht mache ich mir dadurch bereits vorab einen schlechten Ruf? Nach dem Motto: Die ist noch nicht mal da und gibt uns Hausaufgaben. Vielleicht sollte man diese Aufgabe auf Freiwilligkeit formulieren? Ich bin mir noch nicht sicher, werde aber vor der nächsten Menschenrechtsbildungseinheit nochmal darüber nachdenken.

Das Feature zum Folter Thema habe ich in dieser Klasse das erste Mal ausprobiert. Zu Beginn waren die Schüler durchaus schwatzhaft und wussten nicht so recht, was auf sie zukommen würde. Nach den ersten Texten wurde es aber schnell ruhig und die Schüler konzentrierten sich auf die Bilder. Ich stellte anschließend die Frage, wer darüber reden möchte. Einige Schüler meinten, dass die meisten Bilder bereits bekannt gewesen wären und fragten, weshalb wir uns so sehr auf Amerika beziehen würden. Ich gab zur Antwort, dass ich nur gesicherte Quellen und Bilder zeigen werde, um der Gefahr von Fotomontagen usw. zu entgehen. Bilder und Fotos von Menschenrechtsverletzungen aus China sind beispielsweise zum einen sehr selten und zum anderen oft gefälscht. Nachdem wir über die Texte und Bilder gesprochen hatten, konnten wir die Gruppenarbeit auswerten. Dabei fiel eine Schülerin negativ auf: Sie war in der Gruppe „Wie wird gefoltert?“. Wir konnten dieses Thema recht diskret abhandeln, ohne bei irgendwelchen sadistischen Methoden ins Detail gehen zu müssen. Die Schülerin fragte aber nach einiger Zeit nach, welche Methoden es nun gäbe. Sie verstünde zwar die Unterscheidung von psychischer und körperlicher Folter, könne sich aber darunter nichts vorstellen. Ich nannte ein paar Beispiele. Leider gab sich die Schüler noch immer nicht zufrieden und fragte nochmals nach. Ich fragte zurück, ob ihr das noch nicht reichen würde, was sie bereits gesehen (Feature) und von mir gehört hat. Sie sagte, sie wolle noch mehr Methoden hören. Ich versuchte ihr zu erklären, dass es alles gibt, was man sich vorstellen kann und das ich nicht bereit wäre, sämtliche sadistische Methoden im Detail zu erklären. Ich hatte schon das Gefühl, dass diese Schülerin irgendwelche besonders abartigen Praxen erklärt haben wollte, aber ich denke nicht, dass das meine Aufgabe ist. Als wir die Gruppenarbeit weiter auswerteten, startete sie doch tatsächlich noch einen letzten Versuch und fragte nochmal nach Methoden. Diesmal regulierte sich aber alles innerhalb der Klasse. Die Mitschüler waren genervt und sagten ihr, dass sie denken, dass ich bereits ausführlich dazu gesprochen habe und dass es jetzt reichen würde. Ich war sehr dankbar, dass diese Diskussion beim dritten Versuch durch die Klasse abgebrochen wurde.

Der Schüler, von dem ich bereits geschrieben habe, fiel bei der Auswertung der Gruppenarbeit das erste Mal auf mit der sinngemäßen Äußerung auf: „Ich verstehe gar nicht, warum heute noch einem Menschen ein Arm oder Bein gebrochen wird. Psychische Folter ist doch viel effektiver.“ Ich finde eine solche „kalte“ und emotionslose Denkweise schon sehr erschreckend. Ich redete mit ihm darüber und er signalisierte recht schnell, dass er darüber nicht mehr diskutieren möchte, in dem er auf die Zeit hinwies und meinte, dass wir ja noch was schaffen müssten. Ich kann nur schwer einschätzen, warum er das gesagt hat. Ich vermute, dass ihm bewusst wurde, welches Ausmaß seine Äußerung durchaus annehmen kann und wollte deshalb nicht weiter darüber reden. Vielleicht ist ihm auch bewusst geworden, dass es ziemlich hart war, was er sagte und er wollte nochmal darüber nachdenken. Im ungünstigsten Fall hat er sich von mir in die Ecke gedrängt gefühlt und wollte deshalb nicht weiter reden. Auch wenn ich diese Möglichkeit in Betracht ziehen muss, halte ich sie nicht für sehr wahrscheinlich, da er sich in den folgenden Diskussionen gut behaupten konnte.

Die Abschlussdiskussion verlief wie bereits beschrieben sehr angeregt. Durch viele Behauptungen von diesem einen Schüler fühlten sich die Mitschüler angesprochen und wollten mitdiskutieren. Dabei zeigte sich, wie interessiert der Schüler an der gesamten Weltpolitik ist, so sprach er den aktuellen Konflikt in Burma an. Alle anderen Schüler konnten damit nichts anfangen, das entnehme ich ihren fragenden Gesichtern und so frage ich vorsichtig nach, ob sie damit etwas anfangen können. Als dies verneint wird, erkläre ich zusammen mit dem Schüler den Konflikt.

Fazit: Die Klasse kommt insgesamt zu dem Ergebnis, dass Folter als Mittel zur Wissensbeschaffung zwar oftmals nahe liegend ist, aber keineswegs in einem humanistischen und demokratischen Staat angewendet werden darf. Die Schüler kommen zusammen auf den Gedanken, wer denn entscheiden darf, wann man jemanden foltert und wann nicht. Welche Informationen sind es wert, dass gefoltert werden darf und welche nicht. Ich empfinde diesen Schluss als äußerst genugtuend. Ich glaube, ich habe einen Gedankenprozess angestoßen, der einige Schüler noch nach der Stunde beschäftigt hat.

Forschungstagebuch: Bericht 10

Klassenstufe	11
Thema	Todesstrafe
Besonderheiten	Der Kurs wird als unruhig und schwatzhaft beschrieben. Die Diskussionen seien meistens recht träge und werden manchmal nicht ernst genommen.

Besonderheiten vor der Schulstunde:

Es handelt sich wieder um einen Kurs der Lehrerin, mit der ich bereits ein Vortreffen hatte. Bei diesem Treffen konnten wir die wesentlichen Merkmale des Kurses bereits besprechen. Sie wies darauf hin, dass zwei Schüler ernste Themen gern ins Lächerliche ziehen, um der Ernsthaftigkeit zu entgehen. Sie vermutet, dass die Schüler keine Lust haben, sich bei bestimmten Themen Gedanken zu machen. Sie äußert dies aber auch nur als Vermutung, ohne Anspruch auf Richtigkeit. Das empfinde ich als sehr sympathisch.

Auch hier vereinbaren wir, dass wir die Schüler entscheiden lassen, welches Thema sie mehr interessiert. Ich werde wieder per E-Mail informiert, dass das Thema Todesstrafe diesmal durchgenommen werden kann.

Auswertung nach der Einheit mit dem Lehrer:

Die Auswertung dieser Einheit konnte nicht so ausführlich stattfinden, wie die Auswertung des anderen Kurses, da die Lehrerin ihr Kind abholen musste. Sie findet es schade, dass dieser Kurs mit der Abschlussdiskussion nicht mit dem ersten Kurs vergleichbar ist. Es wurde zwar diskutiert, aber wir sind uns beide nicht sicher, wie ernst wir die Argumente nehmen sollen, die dabei fielen. Sie waren oft wenig durchdacht und konnten leicht widerlegt werden, worauf die Schüler aber nicht eingingen. Vielleicht hatten sie einfach keine Lust, sich tiefer mit dem Thema auseinanderzusetzen, und wollten deshalb oberflächlich bleiben.

Meine Gedanken über die Einheit:

Leider war die Absprache zwischen Schülern und Lehrerin nicht optimal. Die Lehrerin ging vom Thema Todesstrafe aus, ein Teil der Schüler hatte sich auf das Thema Folter eingestimmt, wenn man das so bezeichnen kann. Jedenfalls äußerten die Schüler gleich zu Beginn ihre Enttäuschung und forderten ihr „Wunsch"-Thema ein. Ich überlegte eigentlich nur sehr kurz und bot den Schülern folgenden Kompromiss an: Ich wollte das Thema Todesstrafe mit dem Folterthema verbinden. Die Todesstrafe sollte mit dem Quiz und dem Videoausschnitt Bestandteil der ersten 45 Minuten sein. Da ich die Materialien für das Folterthema nicht dabei hatte, konnte ich den Schülern leider nicht das Feature zeigen. Ich erklärte den Schülern diesen Umstand und fragte, ob es für sie in Ordnung wäre, wenn ich bei diesem Thema einen Redepart in Vortragsform übernehmen würde, der allerdings nicht weiter illustriert werden könne. Die Schüler erklärten sich einverstanden mit dieser Vorgehensweise. Vielleicht waren sie auch einfach froh darüber, nicht aktiv werden zu müssen. Aber auch das ist lediglich eine Vermutung. Der Umstand, dass ich nur kurz überlegen musste, ist kurz zu erklären: Ich möchte nicht mit Schülern arbeiten, die nicht beim Thema sind und die sich verpflichtet fühlen, über ein menschenrechtspolitisches Thema nachzudenken. Ich finde, auch wenn natürlich die Unterrichtseinheiten in der Schule während der Schulstunden stattfinden, sollten eine gewisse Freiheit bei der Themenwahl und somit auch eine Freiwilligkeit gegeben sein.

Die ersten 45 Minuten verliefen nach Plan. Die Schüler zeigten sich beim Quiz sehr interessiert, stellten viele Verständnisfragen und wollten Beispiele hören, vor allem bei Frage 6. Nach der Auswertung zum Video versuchte ich, zum Folterthema überzuleiten. Hierfür entwickelte ich ein Tafelbild, welches die Kategorien „Wo wird gefoltert", „Wie wird gefoltert", „Wer foltert", „Wer wird gefoltert" und „Warum wird gefoltert" umfasste. Natürlich war mein Redeanteil bei dieser Vorgehensweise vergleichsweise hoch, ich versuchte aber die Schüler einzubinden, in dem ich Fragen an sie richtete. Zum Beispiel fragte ich, was sie bei dieser Kategorie vermuten würden. Da sich niemand meldete, sprach ich die Schüler direkt an. Nach einiger Verblüffung und kurzen Protestversuchen („warum ich?") gewöhnten sich die Schüler daran und am Ende meines Vortrages war es kein Problem mehr, wenn ich einfach jemanden ansprach. Zu meiner Verwunderung wurde auch immer etwas gesagt. Die Äußerung „ich weiß nichts" kam nicht ein Mal, was ich schon bemerkenswert finde. Ich sollte versuchen, in Klassen, in denen die Diskussion bzw. die Beteiligung träge ist, die Schüler einfach anzusprechen. Sicherlich kommt dieses Vorgehen nicht überall gut an, ich werde es in den nächsten Klassen versuchen.

Im Übrigen hatte ich mich mit der Lehrerin im Vorfeld der Einheit geeinigt, dass wir die Schüler nicht mit einer Hausaufgabe, bei der sie über *amnesty* recherchieren sollen, konfrontieren. Sie meinte, dass der Buschfunk unter den Kursen sicher funktioniert und die Schüler schon etwas über *amnesty* wissen. In der Vorstellungsrunde und bei der Frage, was sie bereits über *amnesty* wissen, bestätigte sich diese Vermutung. Offensichtlich wurde der Buschfunk intensiv betrieben. Denn ich erkannte während der Vorstellungsrunde, aber auch bei der späteren Diskussion, viele Aussagen wieder, die meinem Wortlaut auffällig ähnlich waren. Ich kann nur hoffen, dass die Schüler nicht einfach das gesagt haben, von dem sie wussten, dass ich es gern hören würde, sondern dass sie die Argumente für plausibel hielten und deshalb hervorbrachten.

Bei der Abschlussdiskussion beteiligten sich vor allem 3 Schüler intensiv. Einige der restlichen Schüler setzten ab und an mit ein, der Hauptredeanteil lag aber bei den 3 Schülern. Leider wurden viele Argumente gesagt, die nicht unbedingt nachvollziehbar sind und auch nicht schlüssig waren, aus meiner Sicht! Beispiele: „Wenn 5 Millionen Menschen in einem Land alle zusammen aufstehen würden, würden sie jeden Diktator stürzen. Sie müssen nur wollen." Oder „Der Westen soll doch die anderen Länder in Ruhe lassen. Wenn Steinigung in einigen Ländern in Ordnung ist, werden die schon ihre Gründe dafür haben. Hat sich wahrscheinlich auch bewährt, sonst würden die das ja nicht mehr machen." Ich bin mir wirklich unsicher, wie ernst ich diese Argumente nehmen soll. Wollten sie mich nur herausfordern und provozieren? Ich kann es nicht einschätzen, und auch die Lehrerin war sich dessen sehr unsicher, wie ich oben bereits geschrieben habe.

Am Ende der Einheit sagten mir einige Schüler noch, dass sie es gut fanden, dass ich meinen geplanten Weg umgestaltet habe und auf ihre Wünsche eingegangen bin. Ich fand diese Rückmeldung sehr schön. Sie bestätigt mal wieder, dass ich schauen muss, was die Schüler erwarten, und ob ich dies erfüllen kann. Mitbestimmung ist schließlich auch ein Menschenrecht, warum sollte das in der Menschenrechtsbildung nicht umgesetzt werden?

Forschungstagebuch: Bericht 11

Klassenstufe	9
Thema	Todesstrafe
Besonderheiten	Die Klasse wird als ruhig und interessiert beschrieben. Die Diskussionsfähigkeit scheint zwar hoch, aber der Wille eher gering. Die Schüler melden sich nicht so gern, dann muss man sie einfach ansprechen.

Besonderheiten vor der Schulstunde:

Da die Klasse als eher ruhig und unauffällig beschrieben wird, sind vorab nicht sehr viele Besonderheiten zu besprechen. Lediglich teilt mir die Lehrerin mit, dass ich mich nicht scheuen brauche, und die Schüler einfach aufrufen soll, wenn sich niemand meldet. Meistens kämen dann ganz gute Antworten, die Schüler seien oft einfach zu faul, sich zu melden. Ich bin gespannt, ob das auch wirklich so ist.

Auswertung nach der Einheit mit dem Lehrer:

Die Lehrerin sagt gleich zu Beginn der Auswertung sinngemäß: „Sehen Sie, ich habe ja gesagt, wenn man die Schüler einfach aufruft, kommen sehr gute Reaktionen und Antworten." Ich muss der Lehrerin in diesem Punkt zustimmen. Sie meint, dass sie von ihrer Klasse nichts anderes erwartet hat, als dass sie interessiert aber dennoch zurückhaltend sind. Mehr gibt es zu der Auswertung nicht zu sagen, es hat einfach alles gut funktioniert.

Meine Gedanken über die Einheit:

Zu der Klasse kann ich gar nicht viel schreiben. Die Schüler waren zwar, wie ich schon geschrieben habe, sehr interessiert, dass haben mir die vielen Fragen gezeigt, aber gemeldet hat sich vor allem bei der Abschlussdiskussion kaum jemand. Mir blieb nichts anderes übrig, als die Schüler wirklich anzusprechen und dadurch zum Sprechen zu bewegen. Offensichtlich sind die Schüler das bereits gewohnt, denn ich hatte Proteste erwartet („Warum ich?"), aber diese blieben glücklicherweise aus. Sobald die Schüler angesprochen wurden, kamen wirklich gute Argumente. Manche der Argumente waren zwar durchaus lustig, hatten aber eine durchdachte Struktur, was ich von einer 9. Klasse noch nicht in diesem Umfang erwartet hatte. So kam das Argument gegen die Todesstrafe: „Sie würde Arbeitsplätze vernichten." Weil in einem Hochsicherheitstrakt ja Schwerverbrecher sitzen würden und die müssten besonders bewacht werden, und wenn man diese nun umbringen würde, braucht es niemanden mehr, der auf diese Menschen aufpasst. Wie gesagt, dieses Argument kann von mir nur belächelt werden, aber es folgt einer inneren Struktur. Anfangs musste ich auch gut überlegen, ob die Schüler mich nur testen wollen und einen Scherz machen, aber sie waren wirklich überzeugt von ihren Ideen, auch wenn sie anfangs absurd klangen. Die alleinige Stelle, an der nahezu alle Schüler ohne Aufforderung mitdiskutiert haben, war die Frage, ob wir die Pause durchmachen oder ob wir die 20 Minuten Pause machen. Die Schüler haben gewonnen, wir haben die Pause gemacht.

Ich kann die Klasse ansonsten nur als ruhig beschreiben und somit die Worte der Lehrerin bestätigen. Es hat alles in dieser Klasse ohne Probleme funktioniert, und ich denke, dass die Schüler wirklich etwas mitgenommen haben. Das habe ich allein dadurch merken können, wie sie ihre Argumente aufgebaut haben. Sie waren offensichtlich beim Thema mit ihren Gedanken.

Forschungstagebuch: Bericht 12

Klassenstufe	9
Thema	Todesstrafe
Besonderheiten	In der Klasse seien 3 auffällige Schülerinnen, wurde mir im Vorfeld mitgeteilt. Die Schülerinnen würden besonders durch unqualifizierte Fragen auffallen und seien recht schwatzhaft. Generell handelt es sich aber um eine ruhige Klasse.

Besonderheiten vor der Schulstunde:

Durch ein Telefongespräch mit der Lehrerin konnte ich vorab ein Bild über die Klasse bekommen. Das Telefongespräch kam allerdings nur zustande, weil die Lehrerin und ich einen Interviewtermin für die Studie ausmachen mussten. Da die Lehrerin das Todesstrafenkonzept bereits gesehen hatte, dachte sie, dass vorherige Absprachen nicht unbedingt wichtig seien. Allerdings konnte ich ihr erklären, dass jede Klasse anders sei und ihre Besonderheiten hätte, die ich einfach erfragen muss. Davon ließ sie sich überzeugen und meinte, dass sie ein wenig naiv war und einfach nicht daran dachte, dass ich diese Klasse nicht kenne. Sie sei ja schließlich einmal die Woche in dieser Klasse und dadurch kann man schnell den Blick für andere verlieren.

Auswertung nach der Einheit mit dem Lehrer:

Die Schüler wirkten sehr aufgeschlossen und interessiert. Die Lehrerin meint, dass viele Diskussionspunkte angesprochen wurden, die sie sicher nochmal nacharbeiten wird. Sie findet es schön, dass ich in der Vorstellungsrunde die Schüler animiert habe, noch etwas zu *amnesty* zu sagen, obwohl scheinbar alles gesagt wurde. Die Schüler hatten die Hausaufgabe, sich vorher zu informieren, was *amnesty* ist. Wie ich sehen konnte, hatten die meisten Schüler einen Ausdruck von Wikipedia in der Hand. Tatsächlich gelang es fast allen 26 Schülern noch etwas Neues über *amnesty* zu sagen, also etwas, was von keinem Klassenkameraden vorher gesagt wurde. Da einige Schüler meinten, sie wüssten nichts mehr und es wurde alles gesagt, ermunterte ich sie, es wenigstens zu versuchen und das zu sagen, was sie noch wissen. Das funktionierte sehr gut, die Schüler fühlten sich ernst genommen und trugen stolz das Herausgefundene vor. Generell ist die Lehrerin zufrieden mit der Klasse. Sie gibt mir noch ein paar Tipps, wie ich den Unterricht optimieren kann. So meint sie beispielsweise, dass ich das Quizblatt nutzen soll, damit die Schüler sich Notizen machen können. Einer 9. Klasse muss man eben noch sagen, wann sie etwas mitschreiben muss. Fazit: Die 9. Klasse braucht mehr Anleitung und Hilfestellungen.

Meine Gedanken über die Einheit:

Ich bin durchaus zufrieden. In einer 9. Klasse habe ich noch immer die Bedenken, dass das Thema Todesstrafe zu kompliziert ist. Aber auch diese Klasse konnte mich eines Besseren belehren. Die Schüler waren aufgeschlossen und mitteilungsbedürftig. Die besagten 3 Schülerinnen fielen mir zwar auch auf, aber ich kann nicht sagen, dass sie unangenehm aufgefallen wären. Es stimmt zwar, dass sie viel zu sagen haben, aber einige der Äußerungen waren so provokativ, dass nur dadurch eine Diskussion entstanden ist. Ich schätze die jüngeren Klassen, weil sie oftmals genau das sagen, was ihnen in den Sinn kommt, oft ohne weiter darüber nachzudenken. Das kann anstrengend sein, kann aber auch eine Diskussion in Gang bringen. So äußerte eine Schülerin: „Wenn wir den in China die Todesstrafe verbieten könnten, finde ich, sollten wir denen auch verbieten können, dass die Hunde essen. Das finde ich viel schlimmer.“ Solche Sätze haben zwar die Diskussion nicht vorantreiben können, zeigen aber sehr gut, wie unüberlegt manche Argumente hervorgebracht werden.

Die geplanten zwei Stunden verliefen wie geplant. Es war gut, dass bei der Gruppenarbeit die 3 besagten Schülerinnen in unterschiedlichen Gruppen waren. Sie versuchten zwar, sich mit den Schülern aus den anderen Gruppen zu unterhalten (nicht zum Thema), die übrigen Gruppenmitglieder regelten dies aber weitestgehend unter sich und meinten, dass sie noch arbeiten müssen, um voranzukommen. Die Lehrerin überließ mir, auch wenn der Geräuschpegel leicht stieg, das Kommando und mischte sich nicht ein. Für mich war der Geräuschpegel normal bei einer Gruppenarbeit. Anschließend meinte sie, dass es schon ein wenig laut war, aber dass sie mir nicht „reinfunken“ wollte und dass sie die Schüler einfach mal beobachten konnte. Die Abschlussdiskussion verlief in auffallend gutem Niveau. Die Schüler sprachen sich ab, wer als nächstes sprechen konnte (wenn sich beispielsweise zwei meldeten und gleichzeitig los reden wollten). Außerdem griffen sie sich nicht untereinander an, sondern blieben, bis auf wenige Ausnahmen, sachlich. Eine Ausnahme: „Du bist ja dumm, wenn du so was sagst.“ Aber glücklicherweise waren solche Äußerungen die Ausnahme.

Fazit: Eine interessierte Klasse, die meiner Meinung nach bereits viele Diskussionen geführt haben muss, sonst wäre unsere Diskussion (im Vergleich zu anderen der 9. Klasse) nicht so geordnet abgelaufen.

Forschungstagebuch: Bericht 13

Klassenstufe	12
Thema	Folter
Besonderheiten	Die Klasse hat sich bereits mit der Todesstrafe auseinandergesetzt, sie kennt das Quiz und die wesentlichen Argumente für und gegen die Todesstrafe.

Besonderheiten vor der Schulstunde:

Auch bei diesem Kurs handelt es sich um die Lehrerin, mit der ich bereits das Vorgespräch führte (im letzten Jahr). Auch diesmal besteht sie wieder darauf, dass wir uns vorher treffen und absprechen, wie wir vorgehen, da die Klasse das Thema Todesstrafe bereits kennt. Sie erzählt mir, dass sie in ihrer Klasse mein Quiz angewendet hat und dass sie auch die Diskussion ähnlich strukturiert hat, wie ich. Das freut mich natürlich sehr. Die erste Lehrerin die mir sagt, dass sie mein Material selbst weiter verwendet.
Generell spricht sie von diesem 12. Kurs gut. Auch hier seien zwei, drei Schüler drin, die gern auffallen würden. Ein Schüler ist der Außenseiter der Klasse und wird auch gern gemobbt. Um dem zu entgehen, wird er gern zum Klassenclown, um die anderen zum Lachen zu bringen, und sicherlich, um von sich abzulenken.

Auswertung nach der Einheit mit dem Lehrer:

Wir stimmen überein, dass wir eine so lebhafte Diskussion selten erlebt haben. Diese Diskussion wäre aber ohne die teilweise sehr provokativen und manchmal extrem niveaulosen Äußerungen des Klassenclowns nicht zustande gekommen. Leider hat die Lehrerin kurz nach der Einheit einen wichtigen Termin beim Direktor und muss ziemlich schnell weg, weshalb die Auswertung nur kurz ausfällt.

Meine Gedanken über die Einheit:

Ziemlich schnell und ohne dass es mir jemand sagt, bemerke ich, wer der Außenseiter der Klasse ist. Er versucht sich in den Mittelpunkt zu stellen, was ihm mehr kläglich gelingt, er kann einem wirklich Leid tun. Die Vorstellungsrunde verläuft, wie ich es mir dachte, mit sehr vielen Informationen. Die Schüler haben sich natürlich bereits mit Klassenkameraden aus den anderen Kursen auseinandergesetzt und hatten dadurch ein gutes Vorwissen zu *amnesty*. Damit konnte ich gut arbeiten und das Wissen weiter ausbauen. Die anschließende Gruppenarbeit verlief nach einiger Diskussion wie immer. Die Schüler diskutierten, warum sie sich die Gruppen nicht selbst aussuchen dürften. Ich erklärte meinen Standpunkt kurz: Ich möchte vermeiden, dass in einer Gruppe 10 Leute sind und dann nicht effektiv gearbeitet wird, während in einer andere Gruppe lediglich 2 Leute sind. Damit haben sich die Schüler zufrieden gegeben und angefangen zu arbeiten. Bei der Unterbrechung durch das Feature lief das gleiche Bild wie in anderen Klassen ab: Erst kurzes Lachen, weil die Vorhänge zugezogen werden, dann ein heftiges Durchatmen, wenn der erste Text aufgelegt wird und schließlich Stille. Auch diese Schüler fragen mich, weshalb so viele USA-Bilder auftauchen und keine anderen Bilder, von anderen Ländern. Ich erkläre, dass dies gesicherte Aufnahmen seien und ich nicht Gefahr laufen will, Fotomontagen zu zeigen. Einige beschweren sich, dass ich die Texte zu schnell wieder weggelegt habe. Die Auswertung der Gruppenarbeit läuft problemlos. Es kommen viele Nachfragen. Die 2. Unterrichtsstunde wird ebenfalls gut angenommen. Die Ausarbeitung der Standpunkte der zugewiesenen Rollen funktioniert gut. Die anschließende Diskussion verläuft erst schleppend, gewinnt aber deutlich an Fahrt, als sich der besagte Klassenclown einschaltet und vehement die Meinung vertritt, dass ruhig mal das Risiko eingegangen werden sollte, einen unschuldigen Menschen zu foltern, wenn man dadurch 20 andere Menschen vor einem möglichen Anschlag retten könnte. An diesem Punkt spaltet sich die Klasse. Die Mehrheit hält zu einem Schüler, der versucht, dieses Argument zu widerlegen. 3 andere Schüler halten dieses Argument für plausibel und stimmen ihm zu. Ich merke deutlich, dass der Junge, der sonst als Außenseiter gilt, es genießt Zuspruch zu finden. Dadurch versteift er sich in seine Position und lässt niemanden von außen an sich heran. Die Diskussion läuft irgendwann in einer Schleife, da nichts Neues mehr hinzukommt und die Standpunkte nicht verändert werden. Man könnte auch sagen: Die Fronten hatten sich verhärtet. Aufgrund dessen hatte ich beschlossen, die Diskussion an diesem Punkt abzubrechen. Glücklicherweise half mir dabei die Zeit, die signalisierte, dass die Stunde um ist. Ich versuchte zu sagen, dass ich die Diskussion sehr interessant fand. Ich erklärte, dass jeder seinen Standpunkt hat und fasste diese nochmal für alle zusammen. Ich bot an, nach der Stunde noch im Raum zu bleiben für diejenigen, die vielleicht in der Diskussion nicht alle ihre Fragen stellen konnten. Nach der Stunde kam der Junge zu mir, mit der Meinung, man solle ruhig mal ein bisschen foltern, wenn es anderen hilft. Er beschwerte sich darüber, dass ich ihn nicht genügend unterstützt hätte. Sicher ein Vorwurf, der stimmte, aber ich konnte solch eine oberflächliche Meinung nun wirklich nicht unterstützen. Ich versuchte ihm zu erklären, dass ich mich generell aus der Diskussion raus gehalten hätte und wenn ich etwas gesagt habe, habe ich betont, dass es sich dabei um meine persönliche Meinung handelt, die alle von Anfang an wussten. Sicherlich hatte der Junge Recht, aber auch im Nachhinein weiß ich nicht, wie ich anders hätte handeln sollen. Er vertrat einen Standpunkt, der mir zutiefst zuwider war und ist. Ich denke nicht, dass ich mir Vorwürfe machen muss. Zu Beginn jeder Stunde sage ich in den Klassen, und auch in dieser, dass ich von *amnesty* bin, meine Meinung somit klar ist. Das bedeutet nicht, dass ich alle davon auf Krampf überzeugen möchte, sondern viel lieber in eine Diskussion kommen möchte. Auch habe ich am Anfang gesagt, dass ich immer deutlich machen werde, wenn ich meine persönliche Meinung äußern werde. Dies habe ich getan und muss mir deshalb, denke ich, keine Vorwürfe machen.

DIALOGISCHES LERNEN

Herausgegeben von Dr. Cornelia Muth

ISSN 1614-4643

1 *Cornelia Muth*
Willst Du mit mir gehen, Licht und Schatten verstehen?
Eine Studie zu Martin Bubers Ich und Du
Zweite erweiterte und verbesserte Auflage
ISBN 3-89821-537-7

2 *Susanna Matt-Windel*
Werden am Du – Dialogik in der Eltern-Kleinkind-Beratung
Ein philosophisch-pädagogisches Handlungskonzept nach der Dialogphilosophie Martin Bubers am Beispiel der interaktionellen Eltern-Kleinkind-Beratung
ISBN 3-89821-374-9

3 *Sabine Peter*
Schritte auf dem Weg zum Miteinander in der multikulturellen Gesellschaft
Interkulturelle Gärten
Eine psychologisch-dialogphilosophische Perspektive
ISBN 3-89821-464-8

4 *Andrea Förster*
Tiere als Therapie – Mythos oder Wahrheit
Zur Phänomenologie einer heilenden Beziehung mit dem Schwerpunkt Mensch und Pferd
ISBN 3-89821-421-4

5 *Koffi Abah Edem, Jan Großwinkelmann, Yvonne Kahlert, Susanna Matt-Windel, Cornelia Muth, Sabine Peter*
Im Vertrauen und in Verantwortung – 10 Jahre dialogische Pädagogik
ISBN 3-89821-577-6

6 *Stephan J. Harms*
Menschenbilder und Typologie
Kategorien neurotischer Motivationsstrukturen als Orientierungshilfe in der sozialen Arbeit Chancen und Risiken
ISBN 3-89821-703-5

7 *Susanne Mariyam Hüser-Granzow*
Kunst statt Strafe
Eine dialogische Betrachtung der ästhetischen Arbeit in der Sozialen Arbeit am Beispiel einer Bildhauerwerkstatt für straffällig gewordene Jugendliche
ISBN 978-3-89821-747-7

8 *Thomas Schwenk*
Sport und Bewegungserziehung in der Suchtarbeit
Sozialpädagogische und dialogisch-philosophische Aspekte in der Suchtprävention und Behandlung von Kindern und Jugendlichen
ISBN 978-3-89821-785-9

9 *Cornelia Muth*
Hilfe, ich bin mobil und heimatlos!
Zur Hauslosigkeit postmoderner Menschen
Mit einem Beitrag von Jan Großewinkelmann und Zeichnungen von Miriam Helfer
ISBN 978-3-89821-880-1

10 *Tanja Dräger*
Gender Mainstreaming im Kindergarten
ISBN 978-3-89821-869-6

11 *Dörthe Sontag*
Die modernen Kommunikationsmittel und das Dialogische Prinzip
Bedrohung und Chance für unser Menschsein?
Eine dialogphilosophische Reflexion unserer zwischenmenschlichen Beziehungen im Zeitalter der Mediatisierung
ISBN 978-3-89821-893-1

12 *Isabel Diener*
Lehren und Lernen in offenen Arbeitsformen
Eine Diskussion über die Verwendung von offenen Arbeitsformen im Unterricht am Beispiel einer Pädagogik der Menschenrechte
ISBN 978-3-89821-976-1

Abonnement

Hiermit abonniere ich die Reihe **Dialogisches Lernen (ISSN 1614-4643),** herausgegeben von Dr. Cornelia Muth,

❒ ab Band # 1

❒ ab Band # ___

❒ Außerdem bestelle ich folgende der bereits erschienenen Bände:
#___, ___, ___, ___, ___, ___, ___, ___, ___, ___, ___, ___

❒ ab der nächsten Neuerscheinung

❒ Außerdem bestelle ich folgende der bereits erschienenen Bände:
#___, ___, ___, ___, ___, ___, ___, ___, ___, ___, ___, ___

❒ 1 Ausgabe pro Band ODER ❒ ___ Ausgaben pro Band

Bitte senden Sie meine Bücher zur versandkostenfreien Lieferung innerhalb Deutschlands an folgende Anschrift:

Vorname, Name: ______________________________

Straße, Hausnr.: ______________________________

PLZ, Ort: ______________________________

Tel. (für Rückfragen): ______________ *Datum, Unterschrift:* ______________

Zahlungsart

❒ *ich möchte per Rechnung zahlen*

❒ *ich möchte per Lastschrift zahlen*

bei Zahlung per Lastschrift bitte ausfüllen:

Kontoinhaber: ______________________________

Kreditinstitut: ______________________________

Kontonummer: ______________ Bankleitzahl: ______________

Hiermit ermächtige ich jederzeit widerruflich den *ibidem*-Verlag, die fälligen Zahlungen für mein Abonnement der Reihe **DIALOGISCHES LERNEN** von meinem oben genannten Konto per Lastschrift abzubuchen.

Datum, Unterschrift: ______________________________

Abonnementformular entweder **per Fax** senden an: **0511 / 262 2201** oder 0711 / 800 1889
oder als **Brief** an: *ibidem*-Verlag, Julius-Leber Weg 11, 30457 Hannover oder
als **e-mail** an: **ibidem@ibidem-verlag.de**

***ibidem*-Verlag**

Melchiorstr. 15

D-70439 Stuttgart

info@ibidem-verlag.de

www.ibidem-verlag.de
www.ibidem.eu
www.edition-noema.de
www.autorenbetreuung.de

Zeitfracht Medien GmbH
Ferdinand-Jühlke-Straße 7
99095 Erfurt, Deutschland
produktsicherheit@kolibri360.de